Die Wirklichkeit Gottes
und die Geschichtlichkeit Jesu Christi

Große Texte der Christenheit

14

Herausgegeben von
Dietrich Korsch und Johannes Schilling

Wilhelm Herrmann

Die Wirklichkeit Gottes und die Geschichtlichkeit Jesu Christi

Herausgegeben und kommentiert
von Dietrich Korsch

EVANGELISCHE VERLAGSANSTALT
Leipzig

Bibliographische Information der Deutschen Nationalbibliothek
Die Deutsche Nationalbibliothek verzeichnet diese Publikation in
der Deutschen Nationalbibliografie; detaillierte bibliografische Daten
sind im Internet über ‹http://dnb.dnb.de› abrufbar.

© 2023 by Evangelische Verlagsanstalt GmbH, Leipzig
Printed in Germany

Das Werk einschließlich aller seiner Teile ist urheberrechtlich geschützt.
Jede Verwertung außerhalb der Grenzen des Urheberrechtsgesetzes ist ohne
Zustimmung des Verlags unzulässig und strafbar. Das gilt insbesondere für
Vervielfältigungen, Übersetzungen, Mikroverfilmungen und die Einspeicherung und Verarbeitung in elektronischen Systemen.

Das Buch wurde auf alterungsbeständigem Papier gedruckt.

Cover: makena plangrafik, Leipzig/Zwenkau
Satz: ARW-Satz, Leipzig
Druck und Binden: Hubert & Co., Göttingen

ISBN 978-3-374-07308-5 // eISBN (PDF) 978-3-374-07309-2
www.eva-leipzig.de

Vorwort

Die Wirklichkeit Gottes und die Geschichtlichkeit Jesu Christi gehören zu den zentralen Gewißheiten des christlichen Glaubens. Die gesellschaftlichen und gedanklichen Bedingungen der Moderne stellen die Selbstverständlichkeit dieser Überzeugungen in Frage. Denn die Wirklichkeit Gottes ist weder Teil noch Ursache der Wirklichkeit der Welt, wie sie von den Naturwissenschaften erkannt und von der Technik bearbeitet wird. Und die Person Jesu Christi sieht sich von den Geisteswissenschaften in die Relativität aller geschichtlichen Erscheinungen gestellt, die eine religiöse Unbedingtheit ausschließt. Durch diese Veränderungen der kulturellen Lage wird der christliche Glaube genötigt, sich selbst im Verhältnis zu deren Herausforderungen genauer zu begreifen.

Wilhelm Herrmann hat sich am Übergang ins 20. Jahrhundert dem Gewicht der neuzeitlichen Kritik des traditionellen Christentums gestellt und mit den Mitteln der Theologie die Zeitgenossenschaft des Glaubens gefördert. Seine Argumentationen nehmen dabei die Grundlagen der Natur- und Geisteswissenschaften ernst. Darum lohnt es sich, ihnen eine genaue Aufmerksamkeit zu widmen. Denn die Grundkräfte der modernen Wissenschaft prägen sich heute immer noch und besonders intensiv in den weltanschaulichen Formationen von Naturalismus und Historismus aus. Im Naturalismus als Weltanschauung wird der Mensch insgesamt zu einem Funktionswesen natürlicher Erscheinungen; sein inneres Leben soll als Komplex biochemischer Vorgänge verstanden werden. Wo der Historismus zur Weltanschauung wird, geht alles Allgemeine im Strudel identitätsfixierter Besonderheiten zugrunde; Argumente werden am Ende nach ihrer Herkunft, nicht nach ihrer Geltung beurteilt.

Wilhelm Herrmanns Theologie sucht nach einem gemeinsamen Grund für die Kritik an diesen Strömungen der modernen Weltanschauungen. Er findet ihn, darin hochaktuell, in der Gewißheit des eigenen Lebens der individuellen Menschen. Dieses besitzt seinen Grund genau darin, daß es sich als Ort der Wirklichkeit Gottes versteht, und dies aufgrund der Person Jesu Christi und seiner Wirksamkeit in der Geschichte. Es erschließt sich darüber nicht nur ein zeitadäquates religiöses Bewußtsein, sondern auch die Fähigkeit, die Vielfalt der Welt in ihren wissenschaftlichen Wahrnehmungen vorurteilsfrei wahrzunehmen und die Welt im Sinne der Wirklichkeit Gottes zu verändern.

Dieser Band stellt zwei Texte vor, die in ihrem zeitlichen Entstehen mehr als zwanzig Jahre auseinanderliegen. Der Aufsatz über die Geschichtlichkeit Christi stammt aus theologischen Debatten um die historische Zuverlässigkeit der Grundlagen christlichen Glaubens. Darin führt Herrmann die Frage nach der Verbindlichkeit der Bibel im Christentum zurück auf die Frage nach der religiösen Bedeutung Christi für geschichtlich lebende Menschen heute. Er formuliert dabei eine Kritik des Historismus, die darauf dringt, die Lebensumstände der gegenwärtig historisch Forschenden und der damals in der Geschichte Lebenden miteinander zu verbinden.

Die Abhandlung über die Wirklichkeit Gottes geht auf diejenige Phase der Theologie Herrmanns zurück, in der er stärker das allgemeine kulturelle Bewußtsein als die Zunft der akademischen Theologie im Blick hatte. Um diese breitere Leserschaft anzusprechen, geht er von einer Wahrnehmung des zeitgenössischen Allgemeinbewußtseins aus. Herrmanns Erwägungen sind hier weitgehend frei von theologiegeschichtlichen und dogmatischen Ausführungen. Das erklärt, warum sie in dieser Auswahl an erster Stelle stehen. Es handelt sich um das erste Heft einer dreigliedrigen Publikationsreihe. Deren zweites Heft, welches der Frage nach der Bedeutung Jesu Christi gewidmet wäre, ist – wie auch das dritte – vermutlich wegen verlegerischer Schwierigkeiten im Ersten Weltkrieg nicht erschienen. Seine Stelle vertritt der frühere Aufsatz, in dem in klarer Form die Grundlagen formuliert werden, von denen wahrscheinlich auch die spätere Darstellung Gebrauch gemacht hätte.

Die Texte sind der jeweiligen Erstveröffentlichung entnommen. Mit Dank habe ich auf die Nachweise und Erläuterungen zurückgreifen können, die Peter Fischer-Appelt in seiner Auswahlausgabe von Texten Wilhelm Herrmanns gegeben hat. Die bibliographischen Angaben zu dieser Sammlung finden sich im Anhang dieses Bandes. Der Evangelischen Kirche in Deutschland danken Verlag und Herausgeber für die Unterstützung der Druckkosten.

Gewidmet ist dieses Buch dem Andenken an Wilhelm Gräb, den alten und treuen Freund, der am 23. Januar 2023 verstorben ist. Daß Gottes Wirklichkeit im inneren Leben des Menschen wirksam ist und darum die Wirklichkeit der Welt verändert, war ihm allezeit gewiß. Dass Gottes Wirklichkeit gegenwärtig ist, hört mit dem Tod nicht auf.

Dietrich Korsch
im Februar 2023

Wilhelm Herrmann (https://commons.wikimedia.org)

Inhalt

A Die Texte
Die Wirklichkeit Gottes (1914) 12
Der geschichtliche Christus der Grund unseres Glaubens (1892) 51

B Erläuterungen
1. Theologie im Übergang zum 20. Jahrhundert 102
   1.1 Der historische Ort der Theologie Wilhelm Herrmanns .. 102
   1.2 Das systematische Profil der Theologie
       Wilhelm Herrmanns 109
2. Die Wirklichkeit Gottes 120
   2.1 Die Aufgabe: Rettung des Menschen durch die
       Wirklichkeit Gottes 121
   2.2 Die Lage der Religion in der Moderne 125
   2.3 Wege zur Wahrheit des Lebens 129
   2.4 Die Wirklichkeit Gottes und Wahrheit des Lebens 136
3. Der geschichtliche Christus der Grund unseres Glaubens ... 147
   3.1 Die Autorität der Heiligen Schrift und die Gewissheit
       des Glaubens 148
   3.2 Die Autorität der Heiligen Schrift und die
       historische Kritik 152
   3.3 Die geschichtliche Autorität des inneren Lebens Jesu 157
   3.4 Die Gewissheit des Glaubens und die
       kirchliche Verkündigung 169
4. Die Wirklichkeit Gottes und die Geschichtlichkeit
   Jesu Christ. Ein Fazit 172

C Anhang
1. Zu dieser Ausgabe 178
2. Von Herrmann erwähnte Literatur 178
3. Namen 179
4. Hinweise zur Weiterarbeit 180
5. Zeittafel 183

A
Die Texte

WILHELM HERRMANN

Die Wirklichkeit Gottes

Die Religion will dem Menschen Rettung aus seinen Nöten bringen, indem sie ihn mit Gott verbindet. Wahr kann also die Religion nur sein, wenn Gott der Wirklichkeit angehört, in der wir leben, leiden und kämpfen. Wie werden wir dessen gewiß?

Was die Wissenschaft zu der Frage nach der Wirklichkeit Gottes zu sagen hat, ist wenig, aber wichtig. Von dem, was wir der Wissenschaft verdanken, fällt besonders in die Augen, wie sie uns die Welt erweitert hat und zugleich unsere Herrschaft über die Welt. Trotzdem hat sie das Gesamtleben der modernen Menschheit noch stärker durch das beeinflußt, was sie in bezug auf die Religion erreicht hat. Sie hat vor allem unberechtigte Machtansprüche der Religion oder einer vermeintlichen Religion für uns beseitigt. Wie nun grade dadurch die Gewißheit von der Wirklichkeit Gottes stärker in uns werden kann, haben wir zuerst zu erwägen.

Noch im 16. Jahrhundert hatte die Naturforschung die Macht einer Kirche zu fürchten, die es für unentbehrlich hielt, daß sich die Sonne um die Erde drehe. Im 17. Jahrhundert begann man es bereits für selbstverständlich zu halten, daß das wissenschaftliche Urteil über solche Dinge mit religiösen Fragen nichts zu schaffen habe, auf jeden Fall nicht durch religiöse Rücksichten eingeengt werden dürfe. Dieses Bewußtsein der Wissenschaft von ihrer Selbständigkeit hat sich seit dem unwiderstehlich durchgesetzt. Das zeigt sich jetzt bei Katholiken ebenso wie bei Protestanten. Es ist das auch keineswegs als ein Erwerb der Reformatoren anzusehen. Sie hatten in dieser Beziehung das mittelalterliche Denken nicht durchbrochen. Freilich ist in Luthers Geist zuerst die Erkenntnis aufgekommen, daß eine ihrer Sache gewisse Religion selbständig in ihren eigenen Gründen neben der Wissenschaft bestehe. Und daraus muß ja schließlich folgen, daß die Religion es nicht mehr zu ihrer Selbstbehauptung zu bedürfen meint, daß die Wissenschaft ihr gehorcht. Aber die tiefe religiöse Einsicht Luthers ist es doch bei den meisten von uns nicht, was der Wissenschaft die Freiheit sichert, deren sie sich heute wenigstens in ihrer Richtung auf die Natur erfreut. Das Entscheidende ist, daß die eigenen Erfolge dieser Wissenschaft in den Menschen der Gegenwart den Gedanken nicht mehr aufkommen lassen, diese Arbeit könne sich irgendwelche ihr fremden Rücksichten gefallen lassen.

Durch diese Befreiung der Wissenschaft kann nun aber auch die innere Selbständigkeit der Religion entwickelt werden. Denn wenn die Wissenschaft sich selbst in ihrem Recht behaupten kann, versteht sie auch ihre Grenze. Und dann schweigt sie zu der Frage, ob der lebendige Gott der Religion wirklich sei. Die Wissenschaft kann nicht einmal mit ihren Mitteln einem Menschen verständlich machen, was mit der Wirklichkeit Gottes überhaupt gemeint sei. Ein wissenschaftlicher Forscher freilich kann diesen Dienst einem andern Menschen leisten, aber dann erreicht er es durch die in ihm lebendige Religion, nicht durch seine Wissenschaft. Es gibt trotzdem noch immer viele Menschen, die wie die großen Scholastiker des Mittelalters eine wissenschaftliche Gotteserkenntnis für möglich halten. Es gibt wohl noch mehr Menschen, die in ihren Ängsten nach einem solchen Rettungsmittel ausschauen. Aber jene Versuche scheitern notwendig und haben dann in unserer Zeit leicht den Erfolg, daß die Religion, die sich mit ihrem Verlangen nach Hilfe vergebens an die Wissenschaft wendete, mit dem Verdacht beladen wird, sie habe überhaupt keine Wahrheit. Die Religion selbst hat jedoch keine Schuld an jenen sinnlosen Bemühungen. Der lebendige Gott wird wohl in vielen sogenannten Religionen als eine Art von Naturwesen vorgestellt, das in den Bereich der wissenschaftlichen Erkenntnis gehören könnte. Aber diese Erscheinungen sollte man überhaupt nicht Religion nennen, sondern Mythus. In der wirklichen Religion dagegen wird Gott niemals als ein Wesen gedacht, das den Menschen zwingt, es anzuerkennen, indem es sich seinen Sinnen aufdrängt. Die religiös behauptete Wirklichkeit ist immer mit der Vorstellung verbunden, daß sie nicht mit menschlichen Mitteln jedem gezeigt werden kann, sondern sich bestimmten Menschen selbst offenbart. Beweisbar dagegen ist die Wirklichkeit, die als Wirkung und Ursache mit dem Zusammenhang der Dinge verwoben ist, den wir Natur nennen. An dieser einfachen Tatsache scheitert jeder Versuch, die Erkenntnis des Gottes, der in der wirklichen Religion gemeint ist, wissenschaftlich zu begründen. Die Wissenschaft kann nicht einmal die Wirklichkeit irgendeines Lebens beweisen, geschweige denn die Wirklichkeit des Wesens, das die Religion als allein wahrhaft lebendig ansieht, Gottes.

Den Freunden der Religion kann es gefährlich aussehen, wenn sie gänzlich darauf verzichten soll, daß ihr durch die Wissenschaft die Wirklichkeit gesichert wird, an die sie sich halten will. Die Religion selbst aber hat sich immer gesagt, daß sie im Gegenteil ihren Grund verliert, wenn sie nach einer solchen Hilfe greift. Sie ist nur dann lebendig, wenn sie sich durch das allein getragen weiß, wodurch sie geschaffen wird. Diese lebendige Religion spricht aus dem Apostel, wenn er erklärt, die natürliche Geisteskraft, die sich doch in der Wissenschaft betätigen soll, erfasse nichts von dem, was der Geist Gottes dem Glauben enthüllt [1. Kor 2,14]. Die christliche Gemeinde hat sich freilich fast zwei Jahrtausende hindurch für die Vorstellung gewinnen lassen, ihr Glaube finde Hilfe bei der Wissenschaft und bedürfe dessen. Luther war frei von diesem Wahn, seine Nachfolger nicht. Auch wahrhaft fromme Leute haben sich immer wieder dazu bereit finden lassen, von der Wissenschaft zu erwarten, daß sie uns vor Gottes Wirklichkeit stellen werde, obwohl sie wußten und wissen, wie in uns die Gedanken des Glaubens erwachen, die für das Leben des Menschen die Sinnenwelt durchbrechen. Sie meinten freilich nicht mit Unrecht, wenn die Wissenschaft das leiste, so könnten doch auch solche mit der christlichen Gemeinde verbunden werden, die von der wunderbaren Geburt wirklichen Glaubens nichts wüßten. Im Interesse dieses äußeren Wachstums seines Machtbereichs soll der Glaube mit der Wissenschaft verknüpft werden. Damit also der Glaube möglichst vielen zugänglich werde, wird die Vorstellung geduldet und gepflegt, daß Gründe des Glaubens in der wissenschaftlichen Erkenntnis liegen, die alle haben können.

Die christliche Gemeinde muß allerdings bereit sein, eine innere Verbindung zwischen ihr und jedem anzuerkennen, der nicht ihr Gegner sein will. Aber um so mehr muß jedem deutlich gemacht werden, daß er mit allem, was er durch sich selbst haben kann, an die Quellen der Religion nicht herankommt. Gottes Wirklichkeit liegt jenseits alles dessen, was die Wissenschaft beweisen kann. Sehen wir das ein, so wird dadurch unser Glaube nicht geschwächt, sondern an das Verborgene erinnert, das seine Stärke ist. Dagegen wird durch diese Erkenntnis eine lahme Wissenschaft umgeworfen, die von dem Vorurteil lebt, sie sei zum Schutz des Glaubens nötig. Wenn diese Wissenschaft stirbt, die sich Religionsphilosophie zu nennen wagt, wird der Glaube auf seine eigenen Füße gebracht.

Nun hat freilich die strengste Wissenschaft, die Wissenschaft Kants den Gottesgedanken nicht nur für unentbehrlich, sondern für einen wissenschaftlich gesicherten Besitz der Menschheit gehalten. Nicht die Wissenschaft, die wirkliche Dinge im Raum feststellt, kommt dafür in Betracht, sondern die andere, die das eine klarmachen soll, wie unser Wollen wahrhaftig sein kann, also die Ethik. Ein Mensch nämlich, der nicht bloß die Natur erkennt, sondern auch von sich selbst fordert, daß das Gute durch seinen Willen im Kampf mit der Natur wirklich werde, hat im Gehorsam gegen dieses Gebot tatsächlich immer den Gedanken, daß das Gute in der Wirklichkeit der Natur sich durchsetzen werde. Alle ernsten Menschen sind also nach Kants Meinung mit der Religion innerlich geeint. Denn indem sie sich selbst an das Gute binden, setzen sie eine Macht der Gerechtigkeit über die Bedingungen ihres Daseins, also über den Naturzusammenhang voraus. Diese Voraussetzung ist nach Kant der vernünftige Sinn oder die Wahrheit der Religion. In den von dem Kantischen Denken beeinflußten Kreisen hört man es daher oft als eine ausgemachte Sache behandeln, daß zwar von einem lebendigen Gott nicht die Rede sein dürfe, daß sich aber allerdings die Gottesidee in der sich klärenden menschlichen Vernunft nachweisen lasse.

So darf man in der Tat urteilen, wenn es sich einfach um das wissenschaftlich Feststellbare handelt. Aber die wirkliche Religion wird sich mit Trauer von der Meinung abwenden, ihr Gehalt sei schon in dem Erwachen des Gedankens gegeben, daß die Natur der Verwirklichung des Guten dienen müsse. Wohl gehört diese Voraussetzung oder diese Gottesidee zur Religion. Aber Religion ist mit dieser Konsequenz des sittlichen Denkens noch nicht gegeben. Sie erfaßt sich selbst als einen Verkehr der zum Leben erwachenden Seele mit dem lebendigen Gott.

DIE WIRKLICHKEIT GOTTES

Wer sich aber in die Auffassung hat einspinnen lassen, daß da, wo die Erkenntnis der Wissenschaft aufhört, auch die Wirklichkeit für ihn ein Ende habe, muß eine solche Religion für sinnlos halten. Nicht Gott selbst, der als eine ihn befreiende Macht in sein Leben trat, kann ihm dann erkennbar sein, sondern höchstens die Gottesidee, die er durch die Kraft seiner sittlichen Energie selbst erzeugt. Diese Gottesidee, die in dem auf sein ewiges Ziel gerichteten Wollen notwendig entsteht, ist ein Ausdruck wissenschaftlicher Erkenntnis, zwar nicht der Naturwissenschaft, wohl aber der Ethik oder der Geisteswissenschaft. Es ist auch wahrscheinlich für manchen der gewiesene Weg, es aufrichtig zu versuchen, ob er nun in diesen durch die Wissenschaft abgesteckten Grenzen ein menschliches Leben führen könne. Es ist wohl möglich, daß Menschen, die sich diese Frage ernstlich stellen, zu dem Urteile kommen, sie müßten sich darein ergeben, daß da, wo der wissenschaftliche Beweis aufhört, auch die Wirklichkeit für sie sich auflöse in nichts. Solche Menschen scheinen dann ganz fern von Gott zu sein. Sie gehören ja zu denen, die das Alte Testament Toren nennt, weil sie sagen: es ist kein Gott [Ps. 14,1]. Sie sind dennoch nicht fern von Gott, wenn nur aus ihrem aufgeschlagenen Auge die Wahrheit leuchtet, nämlich die allerdings sehr traurige Wahrheit, daß sie auf ihrem Wege Gott nicht gefunden haben.

Aber es kann ihnen wohl einmal zweifelhaft werden, ob sie auf dem richtigen Weg sind. Sie sind den Weg der Wissenschaft gegangen, haben also nach der Wirklichkeit gefragt, die man anderen beweisen könne. Dabei kann ein klar denkender und aufrichtiger Mensch auf nichts anderes treffen, als auf Dinge dieser Welt und auf das ewige Gesetz der Naturordnung, in der diese Dinge wirklich sind. Bei Menschen, die es so anfangen, ist also das Urteil ganz richtig, daß es für sie keinen Gott gibt. Es fragt sich nur, ob sie es richtig anfangen.

Es sollte von jedem Menschen, der die wissenschaftliche Arbeit unserer Zeit kennengelernt hat, erwartet werden, daß er einen Beweis für die Wirklichkeit Gottes als ein vergebliches Unternehmen liegen läßt. Je mehr sich nun aber die Einsicht verbreitet, was allein wissenschaftlich bewiesen werden könne, desto stärker wird man auch empfinden, daß es uns ganz unmöglich sein würde, nur solches für wirklich zu halten, bei dem das möglich ist. Wir behandeln beständig vieles als wirklich, was wir keinem beweisen können. Das uns allem am nächsten liegende ist ein soziales Faktum von der höchsten Bedeutung. Jeder macht die Selbständigkeit seines inneren Lebens oder seines Wollens in der Praxis geltend, im Verkehr mit anderen Menschen. Er tut das auch dann, wenn ihm nicht verborgen blieb, was leicht zu sehen ist, daß er keinem anderen beweisen kann, er sei innerlich so unabhängig wie er es sein will. Ohne uns um diese Unmöglichkeit zu kümmern, behaupten wir an diesem Punkt mit voller Zuversicht das Unbeweisbare. Ja wir sehen sogar, daß ein Mensch recht oft schwer darunter leidet, daß er sich als selbständig ansieht und sich damit verantwortlich macht. Er leidet unter seiner Selbständigkeit, wenn er sich schuldig fühlt. Und trotzdem will er auf die Vorstellung, daß er wirklich selbständig sei, nicht verzichten. Er kann sie nicht abwerfen, obgleich sie ihn quält, und obgleich er weiß, daß ihre Wahrheit nicht zu beweisen ist.

Wir müssen es zugeben, daß an dieser Stelle uns allen das Unbeweisbare ein Wirkliches ist. Mit der Überzeugung von der Wirklichkeit Gottes verhält es sich nun nicht ganz ebenso. Diese Überzeugung entsteht nicht unabweisbar in jedem menschlichen Wesen. Deshalb können wir vielen Menschen begegnen, die aufrichtig erklären müssen, daß für sie Gott nicht wirklich sei. Sie folgern aus der Tatsache, daß die Wirklichkeit Gottes nicht bewiesen werden kann, die Unmöglichkeit der Religion. Uns soll das nicht schrecken, denn wir verstehen ja eben unter dem lebendigen Gott ein Wesen, das durch das, was es ist, nämlich ein wahrhaft lebendiges, jeden Beweis seiner Wirklichkeit unmöglich macht. Anderen, die daraus den Schluß ziehen, Gott könne nicht wirklich sein, helfen wir natürlich nicht damit, daß wir den sinnlosen Versuch machen, ihnen die entgegengesetzte Überzeugung aufzuzwingen. Sie muß ihnen ja fremd bleiben, wenn sie nicht völlig frei in ihnen selbst erwächst. Aber wir können ihnen helfen, indem wir ihnen etwas vorhalten, was für jeden leicht verständlich ist. Es handelt sich um folgende einfache Sache. *Wenn es auch unmöglich ist, Gottes Wirklichkeit zu beweisen, so kann es doch für jeden Menschen möglich sein, Gottes Wirklichkeit zu finden.* Wir sind nur dann auf dem Weg zur Religion, wenn wir uns darauf zu besinnen suchen, wie wir selbst Gott finden. Von einem Propheten Israels, mit dessen Erscheinen überhaupt ein neuer Tag der Religion angebrochen zu sein scheint, hören wir es zuerst aussprechen, wie wir Menschen Gott finden können [Jer 29, 13 f.]. Aber nicht mit diesem tiefen Wort des Propheten Jeremia wollen wir anfangen, sondern mit etwas anderem, was für jeden von uns auf der Oberfläche liegt.

Das erste ist dies. Den Gott, der die lebendige Macht sein soll, die uns wirklich rettet, wenn wir vergeblich mit dem Verderben kämpfen, können wir natürlich nur finden, wenn wir bei der Wahrheit bleiben. Auch wenn wir die schrecklichste Wahrheit uns verhüllen wollen, gehen wir an dem lebendigen Gott vorbei, der uns in der Wahrheit unsichtbar nahe ist. Daraus folgt für den Menschen, der durch Gott gerettet werden soll, eine strenge Regel. Wir müssen uns vor der Versuchung hüten, uns dadurch *etwas zur Wirklichkeit zu machen*, daß wir uns bemühen, es für wirklich zu halten, oder, wie man schrecklicherweise sagt, „es zu glauben". Viele halten das für Religion, insbesondere für christliche Religion. In Wahrheit ist *dieses* Glaubenwollen eine Flucht vor Gott. Den wirklichen Gott, der uns rettet, finden wir nur in einer Wirklichkeit, die uns in den Weg tritt, wir mögen wollen oder nicht. Gewiß sollen wir glauben. Aber das „du sollst glauben" bedeutet in Wahrheit nichts anderes als das erste Gebot: Du sollst Gott lieben von ganzer Seele [Dt 6,5; Mk 12,30 parr]. Wir können ihn aber erst lieben, wenn wir ihn gefunden haben.

Viele betrügen sich um dieses elementare Verständnis der Religion, weil sie meinen, dabei müßte ihnen der Wert der heiligen Überlieferung entschwinden. Das ist aber ein Irrtum. Grade das strenge Festhalten an der eigenen Erkenntnis macht uns deutlich, daß wir nur innerhalb einer Geschichte, die uns nährt, als Menschen leben können. Ohne Zweifel haben wir auch die Vorstellungen, die sich für uns in das eine Wort Gott zusammendrängen, nicht aus uns heraus gewonnen. Sie sind uns zuerst zugeführt durch das, was uns andere über Gott gesagt haben. Wenn also das in uns Wurzel faßt und wirklich unser geistiger Besitz wird, so sind wir dazu nicht durch uns allein gekommen. Es stellt sich uns darin eine Gabe der Kräfte dar, die wir mit dem Namen Überlieferung bezeichnen. Daher hat auch ein so gewaltiger Mensch wie Goethe in einem bekannten Wort erklärt, das beste Teil von allem was er habe, verdanke er der Überlieferung und der unsichtbaren Macht, die er daraus vernehme [vgl. SGTh II, 296 Anm.]. Vielleicht wird von einem Christen immer gelten, daß alles, was er im Ernst über Gott zu sagen weiß, vorher aus der christlichen Gemeinde und schließlich aus der heiligen

Die Wirklichkeit Gottes

Schrift zu ihm gedrungen sei. Aber wenn das nun auch immer so sein sollte, so ist doch noch sicherer, daß das, was andere uns über Gott sagen, nur unter einer Bedingung für uns wahr sein oder der Ausdruck einer in uns selbst lebendigen Erkenntnis sein kann. Was hinter den heiligen Worten liegt, darf in uns selbst nicht gänzlich fehlen. Es genügt ohne Zweifel nicht, daß wir solche Worte auch in den Mund nehmen, sondern wir müssen in uns selbst etwas von den Erfahrungen entdecken können, die darin laut wurden. Was andere uns über Gott sagen, kann uns wenig helfen, wenn nicht wir selbst der Wirklichkeit Gottes inne werden. Dann erst kann uns vielleicht durch das Wort anderer die Gotteserkenntnis klarer werden, die in uns bereits angefangen hat. Es wäre wohl möglich, daß wir uns schließlich immer eingestehen müssen, alles was in unserer armen Seele aufklingt, sei mit der Fülle dessen nicht zu vergleichen, was die Überlieferung an uns heranträgt. Aber für uns ist dennoch das wichtigste, daß wir bei uns selbst etwas antreffen, worin wir Gott erkennen. Wenn dieser innere Besitz auch noch so dürftig ist, für uns ist er doch etwas größeres als alles, was andere uns geben können.

Dichter und Philosophen in Griechenland und Rom haben schon in alten Zeiten von einer Gottesstimme in der eigenen Brust gesprochen, und auch bei uns wird jeder fromme Mensch in seinem Gewissen Gott hören. Aber es wäre doch eine gefährliche Täuschung, wenn man meinte, daß darin allein schon das Recht liege, von Gottes Wirklichkeit zu sprechen. Denn die Stimme des Gewissens ist doch zunächst nichts anderes als der ungesucht sich meldende Ausdruck unserer Erkenntnis dessen, was wir tun und lassen sollen. Daß wir das vernehmen, gibt uns aber noch keine Erkenntnis Gottes. Wer sich also der Vorstellung überließe, daß ihm dadurch schon die Wirklichkeit Gottes gewiß werde, müßte in schwere Gefahr kommen, sobald er das Gewissen als eine Erscheinung seines eigenen sittlichen Bewußtseins verstehen würde. Wenn wir an Gott glauben, so werden wir im Gewissen seine Stimme hören, aber durch das Gewissen allein hat kein Mensch Glauben an Gott.

Man könnte dagegen einwenden, kein Mensch könne in sich selbst etwas finden, was stärker wäre als das Gewissen, das doch nicht bloß seinen Verstand in Anspruch nimmt, sondern ihn selbst unlösbar bindet. Ohne Zweifel hören wir auch das Gewissen, solange wir uns selbst noch nicht verloren haben. Deshalb vernimmt der Fromme daraus die Mahnung und das Gerichtsurteil des Gottes, dem er nicht entrinnen kann. Deshalb kann auch kein Mensch mit Gott verbunden werden, wenn er nicht sein eigenes Gewissen hören und damit in der Wahrheit bleiben will. Es kommt nun aber darauf an, daß wir nicht nur dem Gewissen überhaupt gehorchen wollen. Wir müssen eine ganz bestimmte Gewissensforderung vernehmen und ihr gehorchen, damit wir das Wunderbare finden, über dem wir alles andere vergessen können, den lebendigen Gott. Diese Gewissensforderung, die uns auf den einzigen Weg weist, auf dem wir Gott finden können, lautet: sei wahr in dir selbst. Wer das nicht will, wirft sich selbst in das Nichtige und ist damit in der Finsternis, in der er Gott nicht finden kann. Denn diese Wirklichkeit kann nur dann vor uns stehen, wenn wir in unserem eigenen Leben den Schein des Selbstbetrugs zerstören wollen.

Ohne diesen Willen zur Wahrheit, in dem die Menschen sich von dem Toten losringen und wahrhaft lebendig werden wollen, gäbe es keine Geschichte. Es könnten dann wohl Welten entstehen und vergehen. Intelligente Wesen könnten diese Vorgänge beobachten und in ihrem gesetzmäßigen Verlauf erfassen, es könnte also auch eine Naturwissenschaft geben. Aber wenn das Lebendige fehlt, das in seinem Wollen seine Zukunft trägt, so fehlt natürlich auch die Geschichte. Denn diese ist eben nicht bloß ein Geschehen, das man beobachten kann, sondern die Gestaltung der Zukunft durch ein wahrhaftiges oder freies Wollen. Man kann sie nur insofern erkennen, als man mitlebend und -wirkend an ihr beteiligt ist. In der Geschichte, die wir wirklich von der Natur unterscheiden können, ereignet sich beständig etwas, was sich nie und nirgends begeben hat. Es offenbaren sich also in ihr schöpferische Kräfte. Aber das Mittel einer solchen Offenbarung können Menschen nur werden, wenn sie in sich selbst wahr oder wahrhaft lebendig sein wollen.

In drei Richtungen hat nun die Menschheit die Wahrheit ihres Lebens gesucht. Wir wollen wahrhaftig werden in unserem Wollen, in unserem Vorstellen oder Erkennen und in unserem Erleben. Aus dem ersten erwächst die Sittlichkeit, aus dem zweiten die Wissenschaft, aus dem dritten die Kunst. Den Schlüssel zum Verständnis des wirklich menschlichen Lebens suchen heute viele in einer Psychologie, die den Menschen mit den Tieren zusammenfaßt. Er liegt aber vielmehr in der genauen Auffassung jener drei Erzeugnisse der die Wahrheit ihres Lebens suchenden Menschheit und in der Frage, wie sie sich zueinander und zur Religion verhalten. Wir wollen die Antwort auf die Frage nach ihrem Verhältnis zur Religion hier vorwegnehmen. *Sie gehören alle in besonderer Weise zur Religion und sie bedürfen alle der Religion in gleicher Weise.* Zunächst haben wir das zweite auszuführen.

Das Wichtigste ist offenbar, daß wir wahr zu werden suchen in unserem Wollen, denn das Wollen ist die Lebensbetätigung, die alles andere, was wir zu uns selbst rechnen können, umfassen muß. Wahr in unserem Wollen werden, das bedeutet, sich dazu aufraffen, daß wir uns nicht bloß treiben lassen, sondern dem allein folgen, was wir selbst als richtiges Willensziel erkennen. Das richtige Willensziel nennen wir das Gute. Ohne die eigene Erkenntnis des Guten ist also ein wahrhaftiges Wollen, ein „Leben haben in sich selbst", nicht möglich. Trotzdem darf man nicht sagen, daß ein wahrhaftiges oder freies Wollen aus der eigenen Erkenntnis des Guten entsteht; es ist vielmehr an und mit dieser Erkenntnis lebendig. Wie beides zusammen entsteht, ist uns ebenso verborgen wie der Ursprung des Lebens überhaupt. Aber wie wir diese Wahrheit oder Freiheit des Wollens allein behaupten können, ist uns völlig klar. Wir müssen die eigene Erkenntnis dessen, was unbedingt durch uns wirklich werden soll, zu voller Klarheit bringen und dann ihr allein gehorchen.

Jeder Mensch kann aber, wenn er die Aufgabe nicht fahren lassen will, daß er in seinem Wollen wahr werde, ohne Mühe für sich selbst finden, was er dann als Ziel seines Wollens immer im Auge haben soll. Er muß immer Gemeinschaft suchen mit den Menschen, mit denen er äußerlich verbunden ist. Er wird aber auch bald sehen, daß ihm das nur gelingt, wenn er für solche Menschen Opfer bringt. Wir kommen nur mit solchen Menschen zu herzlicher Gemeinschaft, denen wir etwas hergeben, was uns selbst am Herzen liegt. Es ist nun nicht schwer, sondern natürlich, daß man Opfer bringt für Menschen, die man aufrichtig liebt. Aber schwer ist es, den eigenen Vorteil aufzugeben für solche, zu denen man keine besondere Zuneigung hat, die man sogar als unangenehm oder widerwärtig empfindet. Ein wahrhaftiges wirklich freies Wollen hat man trotzdem nur, solange man sich die Aufgabe stellt und ernstlich darum kämpft, dieses scheinbar Unmögliche doch zu tun. Aber ist uns das nicht wirklich unmöglich? Wir bringen es auf jeden Fall in dem Moment nicht fertig, wo wir durch Angst und Sorge um unser eigenes Leben gebunden sind. Die eigene innere Unsicherheit hindert uns notwendig, frei für andere zu leben. Das bringt nur ein Mensch fertig, dessen Leben in dem Gefühl eines wirklich unzerstörbaren Glücks geborgen ruht. Aber es fragt sich, wie wir das jemals von uns selbst sollen sagen können. Es ist uns doch auf jeden Fall unmöglich, ein solches Glück uns selbst zu geben. Ich denke, jeder wird das zugestehen. Können wir es nun etwa durch unsere sittliche Erkenntnis, durch unser Gewissen haben? Darauf sollte wohl das Nein noch stärker klingen, denn jeder weiß, daß grade sein Gewissen ihn zwingt, eine unerträgliche Last durch sein Leben zu schleppen – die Schuld. Die Wahrheit oder Freiheit unseres Wollens bleibt uns immer eine unerschöpfliche Aufgabe. Wer an bestimmten Punkten seine Freiheit gewinnt, sieht dadurch an andern seine Gebundenheit hervortreten.

An etwas anderem wird es noch klarer, wie unmöglich es ist, daß der Kampf um die Wahrheit des Wollens uns jemals von der Last eines Lebens, dem die Wahrheit fehlt, befreien kann. Unser Wollen kann nur dadurch wahr werden, daß wir unbedingt Gemeinschaft suchen mit allen Menschen, mit denen wir tatsächlich in Berührung kommen. Nun kennen wir aber alle den Eindruck, wie beständig aus dem Dunkel suchende Augen hervortreten, die unsere Teilnahme beanspruchen. Wir aber, wenn wir leben und in bestimmter Richtung wirken wollen, müssen unsere Augen diesem Eindruck verschließen. Wir hören beständig den Schrei der Not, das Stöhnen uns unbekannter Menschenmassen, die unter äußerem und innerem Druck hoffnungslos vergehen. Aber wir machen uns nicht dazu auf, unser Leben an das ihre zu binden. Denn wir wissen nicht, wie wir ihnen helfen sollen in persönlicher Gemeinschaft. Dagegen wissen wir uns gebunden an uns verständliche Aufgaben und an Menschen, die uns nicht bloß äußerlich nahegestellt sind, sondern an denen uns auch klar wird, wie wir ihnen wirklich dienen können. Es ist also ausgeschlossen, daß wir uns unbedingt zur Gemeinschaft mit anderen, die an uns herandringen, bereit finden lassen könnten.

Wir sehen also zwar ein, daß in der unbedingten Aufgabe reiner Gemeinschaft mit andern die Wahrheit unseres Wollens liegt. Aber unsere innere Verfassung ist weit entfernt von der freien Kraft einer so von uns geforderten Liebe. Und in unserer tatsächlichen Stellung innerhalb der Welt können wir die Möglichkeit, eine solche Liebe zu betätigen, nicht entdecken. Daraus muß uns klar werden, daß gerade wir selbst, wenn wir diesen Weg der Wahrheit gehen wollen, in eine hoffnungslose Not geraten müßten. Wir sehen dann zwar, wie sich uns in einer unerschöpflichen Aufgabe ein wahrhaftiges Leben, das sich nicht auslebt, öffnen könnte. Aber in diese Zukunft, die in dem Licht der Wahrheit sich vor uns ausbreitet, dringen wir nicht ein. Uns fehlt die dazu nötige Kraft und uns fehlt auch die Welt, in der sie sich betätigen könnte. Von der Aufgabe, durch die unser Leben wahr werden soll, kommen wir nicht los, und wir sehen uns doch zugleich durch unsere Schwäche und durch unser Verbleiben in Verhältnissen, die ihr widersprechen, von ihr geschieden. Daraus erwächst das Schuldgefühl, das unser Leben durch den Zwang, sich selbst zu verurteilen, haltlos macht. Wir werden sehen, daß der auf die sittliche Aufgabe gerichtete Wille zur Religion gehört. Hier drängt sich uns zunächst die Frage auf, ob nicht diese Zugehörigkeit zur Religion allein das ist, was das an seiner eigenen Erkenntnis verzweifelnde Wollen retten kann. Danach werden wir fragen müssen, wenn wir gesehen haben, daß auch die beiden andern Wege, auf denen die Menschheit ein Leben in Wahrheit sucht, nicht ganz zu ihrem Ziel führen.

Unser Leben kann in sich selbst nur dann wahr sein, wenn es sich der Wirklichkeit einfügen will, in der es tatsächlich sich zu behaupten sucht. Wir sollen wahrhaftig sein in der Erkenntnis der uns faßbaren Dinge. *Das bedeutet für jeden Menschen, daß er den Tatsachen, die sich ihm selbst aufdrängen, nicht aus dem Wege gehen, sondern sich unter sie beugen will.* Wir alle sollen die Dinge einfach so nehmen wollen, wie sie sich uns als wirklich darstellen, und uns nicht bemühen, uns über den Ernst der uns gegebenen Wirklichkeit hinwegzusetzen. Wenn wir es nicht in dieser Beziehung zu strenger Wahrhaftigkeit bringen wollen, passen wir überhaupt nicht in die Welt, in die wir gestellt sind. Das geht jeden Menschen an. Wer es dazu nicht bringt, das, was um ihn her geschieht, ernst und treu zu nehmen, wie es ist, dessen Leben zerbricht an der Wirklichkeit der Dinge.

Aber nun entsteht aus dem Willen, das Wirkliche in rückhaltloser Wahrhaftigkeit zu erfassen, noch etwas anderes, was zwar eine Sache der Menschheit, aber nicht eine Sache jedes einzelnen Menschen ist. Wir alle bemerken bald, daß unsere Vorstellungen vom Wirklichen schwankend und unsicher sind. Sie sind oft durch grobe Irrtümer getrübt, und auf jeden Fall sind sie in jeder Richtung unfertig. Wenn nun einzelne dafür besonders veranlagte Menschen die Aufgabe ergreifen, unsere Vorstellungen von den wirklichen Dingen in einer zusammenhängenden Arbeit des Erkennens zu klären oder zu vervollständigen, so entsteht daraus die Wissenschaft. Unter Wissenschaft also muß man sich nicht etwas Geheimnisvolles vorstellen, was dem Menschen erst auf Universitäten oder anderen hohen Schulen verraten würde. Die wissenschaftlichen Forscher sind keine Geheimniskrämer, und die Wissenschaft ist auf jeden Fall nicht geheimnisvoller als das Erkennen, das bei jedem gesunden Menschen im Gange ist. Die

Wilhelm Herrmann

Wissenschaft ist die einfache Fortsetzung einer Tätigkeit, die wir alle in gewissem Maße ausüben, sobald menschliches Leben in uns angefangen hat. Aber während wir alle unwillkürlich wirkliche Dinge auffassen, stellt die Wissenschaft die Frage, wie man die Wirklichkeit eben dieser Dinge sicher erweisen könne.

Dabei werden unvermeidlich die bisherigen Vorstellungen über das Wirkliche berichtigt. Sie werden geändert oder durch neue ersetzt. Dann kann durch die Arbeit der Wissenschaft schließlich ein Bild der Wirklichkeit entstehen, das sehr verschieden ist von dem, das sich sonst in Menschenköpfen findet. Aber wer die Kraft und den Fleiß zu gründlichem Nachdenken aufbringt, wird schon merken, daß die Wissenschaft wenigstens bessere Wege zur Erfassung des Wirklichen entdeckt hat, als man sie früher kannte. Es muß wohl richtig sein, wenn die Wissenschaft von einem völlig sicheren Weg ihrer Erkenntnis spricht. Sie ist stets bereit, ihre Urteile über die Wirklichkeit von Dingen einer Kritik zu unterwerfen, die das längst Feststehende wieder zum Problem macht. Aber für unveränderlich hält sie eben diesen ihren Verzicht auf völlig feststehende Ergebnisse ihrer Arbeit, wo sie sich auf die Ermittlung wirklicher Dinge bezieht. In der konsequenten Anwendung dieser Methode, die das Objekt der Erkenntnis zu einem unerschöpflichen Problem macht, hat sie Forschungsmittel gefunden, die die Natur uns immer gewaltiger erscheinen lassen und doch sie in immer neuen Siegen den Zwecken unseres Lebens unterwerfen. Ohne die beständig wachsende Arbeit der Wissenschaft würde die auf der Erde sich ausbreitende Menschheit bald verkommen.

Daran kann auch dem blödesten [kurzsichtigsten] Menschen deutlich werden, was er der Wissenschaft verdankt. Das ist aber noch nicht das Wichtigste. Ein ernster Mensch wird

Die Wirklichkeit Gottes

vor allem dessen gedenken, daß nur die strenge Wahrhaftigkeit des Erkennens, die in der Wissenschaft sich abmüht, in die Tiefen der Welt zu dringen und uns dabei in ihre Unendlichkeit hinausblicken läßt, uns die wunderbare Fülle des Wirklichen erschließt. Dadurch wird es uns möglich gemacht, selbst ein reicheres Leben zu gewinnen. Denn wir können innerlich reger oder lebendiger werden, je mehr der unermeßliche Reichtum der Welt uns einladet, ihn anzuschauen. Trotzdem können wir nun oft genug mit Schrecken sehen, daß kaum ein Mensch so abgeschlossen von seiner menschlichen Umgebung und deshalb so leer von reiner Lebensfreude oder so leblos werden kann, als Männer, die jahrzehntelang auf dem Arbeitsfeld der Wissenschaft gestanden haben, auf dem uns doch sonst grade solche Menschen in Menge begegnen, die in dürftigen Verhältnissen unter saurer Arbeit eine herrliche Fröhlichkeit in sich tragen und um sich her verbreiten. Also die wissenschaftliche Erkenntnis für sich allein erweitert zwar den Horizont des Menschen und kann doch ihn selbst enger und dürftiger machen. Die Schicksale der Männer der Wissenschaft scheiden sich an folgendem.

Der eine kennt und sucht nur die Stille, in der er sich von der übrigen Welt abschließt, um an einem Teil der Welt zu arbeiten. Der andere tut das auch, kennt aber daneben noch eine Stille, in der er für die ganze unermeßliche Welt aufgeschlossen wird, weil er da für sich allein etwas entdeckte, was ihn selbst für immer froh und dadurch empfänglich für Licht und Freude macht. Dieser Unterschied ist nicht in der Wissenschaft selbst begründet. Denn die wissenschaftliche Erkenntnis erzeugt für sich allein in jedem Menschen dasselbe. Sie bringt alle in dieselbe Bedrängnis, wie der Kampf um die Wahrheit des Wollens. Vor die unerschöpfliche Aufgabe des Erkennens gestellt bemerken wir doch bald, daß wir grade in dem für uns Wichtigsten auf eine Schranke stoßen, die uns jede Aussicht, der Lösung der Frage näher zu kommen, nimmt.

Denn für das Ganze unseres Lebens hat doch unsere Erkenntnis des nachweisbar Wirklichen die Bedeutung, daß wir uns dadurch selbst einfügen sollen in die Wirklichkeit, in die wir uns gestellt sehen. Wahrheit kann unser Leben nur dann haben, wenn wir uns nicht durch die aus ihm sich hervordrängenden Wünsche dazu verleiten lassen, uns über die Tatsachen, die uns entgegentreten, hinwegzusetzen. Bringen wir es nicht fertig, aus unserem eigenen Leben heraus willig das uns Auferlegte auf uns zu nehmen, so wird uns auch deutlich, daß dieses Leben in seinem Widerspruch mit der Wirklichkeit der Dinge sich in Schein auflösen muß. Aber grade die wissenschaftliche Erkenntnis führt uns auf die Unauflöslichkeit dieses Widerspruchs. In der von ihr festgestellten Wirklichkeit, in der jedes Ding durch alle anderen bestimmt wird und jedem die innere Selbständigkeit des Lebendigen fehlt, hat wahrhaftiges Leben keinen Raum.

Nun gibt es freilich neben der Naturwissenschaft eine Geisteswissenschaft, die eben jenes Leben in seiner Betätigung erkennen will. Aber sie stellt nicht etwa die Wirklichkeit eines solchen Lebens fest, sondern setzt das Bewußtsein davon voraus. Die gesamten Erkenntnisse der Geisteswissenschaft können nur bei denen Anerkennung finden, die sich der inneren Selbständigkeit bewußt zu sein meinen, und dadurch die Vorstellung von einem Lebenszusammenhang der Geschichte sich begründen. Das gilt nicht nur von der Ethik, die als Philosophie der Geschichte das aus diesem Bewußtsein erwachsende Wollen entwickelt. Es gilt auch von aller historischen Forschung, die ihren Gegenstand nur gestalten kann aus einer Anschauung des geistigen Lebens, in der wir uns nicht mit allen Menschen zusammenfinden können, wie in der sinnlichen Anschauung, sondern nur mit den geschichtlich Lebendigen.

Ist das aber so, so ergibt sich, daß das vorausgesetzte oder behauptete geistige Leben nicht vorgestellt werden kann als sich einfügend in die *beweisbare* Wirklichkeit der Dinge oder in die Natur. Wo das wissenschaftlich Beweisbare anfängt, wird auch die Vorstellung eines wahrhaft Lebendigen ausgeschlossen. Aber diese Wirklichkeit willig auf sich zu nehmen, ist für das Bewußtsein eines eigenen Lebens unmöglich. Denn von diesem Bewußtsein erfüllt, ist der Mensch innerhalb der wissenschaftlich festgestellten Wirklichkeit heimatlos. Es ist eine seltsame Verirrung, wenn man meint, daß die Vorstellung eines im Raum sich darstellenden Lebens, mit der die naturwissenschaftliche Disziplin der Biologie arbeitet, unser Verlangen nach einer Welt des Lebens stillen könnte. Freilich können wir die Anschauung der Organismen nur vermittelst der Vorstellung des Lebens in uns befestigen. Aber da wir jede Bewegung im Organismus auf andere Vorgänge im Raume, also schließlich auf alle zurückführen müssen, so werden wir doch vor die Tatsache gestellt, daß hier kein wahres Leben ist. Die Biologie hat unsere Naturerkenntnis erstaunlich vertieft. Sie kann die Gemüter berauschen, indem sie so, wie nichts anderes, die Unergründlichkeit der Natur vergegenwärtigt. Aber aus der Welt des Todes führt sie den Menschen damit nicht heraus. Dem Bewußtsein eines eigenen Lebens kann sie keine Heimat schaffen.

Es ist mit der Kunst darin ebenso wie mit der Wissenschaft, daß sie wie ein besonderer Besitz einzelner bevorzugter Menschen aussieht und daß sie doch in Wahrheit etwas ist, was wir alle betätigen können und betätigen müssen, wenn wir als Menschen mit Menschen verbunden sein wollen. Wir müssen möglichst rein herausbringen, was in uns selbst lebendig ist. Nur dadurch werden wir anderen Menschen interessant und erfreulich. Tun wir das nicht oder können wir es nicht, so liegen wir den anderen wie Klötze im Wege, aber Menschen, die ihnen mehr sein könnten als alles andere in der Welt, sind wir dann nicht. Schon daraus folgt, daß wir uns hier einer ebenso strengen Pflicht, einer Verpflichtung zu lauterer Wahrhaftigkeit bewußt werden müssen, wie im Wollen oder in der Sittlichkeit, und wie in der Art des Erkennens, die in der Wissenschaft die Wege zu ihrer Vollendung sucht. Die Menschheit bietet auch für den reinen Ausdruck der inneren Lebendigkeit eine methodische Arbeit auf, in der mit saurer Mühe alles fern gehalten wird, was das im Innern Bewegte hindern will, rein und lauter herauszutreten, wie es ist. Diese Arbeit leisten zur Erquickung für uns alle einzelne bevorzugte Menschen, die Künstler.

Soll aber unser innerer Besitz rein vor anderen erscheinen, so muß er vor allem in uns selbst sich unverkümmert entfalten. Wir dürfen unser Erleben nicht dadurch verfälschen, daß wir die Erregungen, die wir bei andern wahrnehmen, nun auch bei uns entdecken wollen. Vielleicht haben wir mit Recht den dringenden Wunsch, daß unser Gefühl in anderer Weise auf Ereignisse reagieren möchte. Dann sollen wir gewiß diesen Wunsch bewahren. Aber ebenso fest sollen wir die Tatsache stehenlassen, daß wir jetzt so sind, wie es uns mißfällt. Wir hören oft, wie unerzogene Menschen der Forderung, sich selbst zu bezwingen, das Recht entgegenhalten, sich selbst auszuleben. Darin kann ein guter Sinn liegen, sofern es heißen soll, man wolle das eigene Erleben nicht unterdrücken lassen. Aber zu dem eigenen Erleben jedes Menschen, in dem ein wirkliches Wollen angefangen hat, gehört doch auch, daß er sich dagegen sträubt, das, was ihm von außen aufge-

DIE WIRKLICHKEIT GOTTES

drängt und in seinen Trieben lebendig wird, über sich herrschen zu lassen. Wollen wir also einem Menschen helfen, der für das freie Sichausleben oder für das Recht seines eigenen Erlebens schwärmt, so müssen wir ihn zur Besinnung darauf zu bringen suchen, daß das wirkliche Leben sich in dem Willen regt, die Kraft der Triebe einem Zweck zu unterwerfen, den wir selbst uns setzen, d. h. dessen unbedingtes Recht unser eigenes Denken feststellt.

Es ist doch wohl klar, daß wir nur dann wirklich etwas erleben können, wenn wir überhaupt ein eigenes Leben *wollen*. Es kann also in unserer Seele nur klingen, wenn in ihr dieser Wille sich spannt. Das Werk des Künstlers können daher auf jeden Fall nur die für die Menschheit tun, die den Kampf aus eigener Erfahrung kennen, in dem ein Mensch über das Getriebenwerden des Naturwesens hinauszukommen sucht. Wissen sie nichts von diesem Kampf oder haben sie gar die jämmerliche Vorstellung, daß sie durch ihre besondere Begabung über ihn erhaben seien, so können sie ihn auch nicht zur Darstellung bringen. Dann sind sie aber auch nicht imstande, der Menschheit als Künstler zu dienen. Denn sie können dann nicht dazu helfen, andere Menschen durch die reine wahrhaftige Darstellung des eigentümlich Menschlichen innerlich zu befreien und zu erfreuen. Was sollen denn der sich emporarbeitenden Menschheit Künstler helfen, die den Sieg des Menschlichen über das Tierische, oder die Vollendung der Natur im Menschen nicht so ernst nehmen, daß sie das zu leuchtender Erscheinung bringen könnten? Sie sind doch höchstens als Spaßmacher zu verwenden, Künstler sollte man sie nicht nennen. Viel schlimmer ist es aber, wenn sie auch als Spaßmacher nicht zu brauchen sind, weil sie sich gewöhnt haben, in der Fäulnis zu wühlen. Denn das, was sie als Kunst zu produzieren meinen, fließt nun als ein Strom von vertieftem Elend durch die Welt. Der Fleiß im Schmutzigen spielt sich dabei gern als ernste Wahrhaftigkeit auf. Er ist das ebensowenig wie der häufige Versuch, sich und andere durch süßliche Bilder über das Elend der Welt hinwegzutäuschen. Dem einen wie dem andern Treiben fehlt das, was die Wurzel der Kunst sowohl wie der Sittlichkeit und der Wissenschaft ist, die Wahrheit.

Denn die Wirklichkeit, die ein wahrhaftiger Mensch erlebt, ist allerdings nicht in dem blöden Spiel, das den Ernst der Dinge zu verschleiern sucht; aber sie ist auch nicht in dem seinen eigenen Konsequenzen überlassenen Elend, sondern in dem Kampf mit dem Unheil. An die Kräfte, die diesen Kampf führen, glaubt der Mensch, der sie in sich selbst nicht verkommen lassen will. Das heißt aber nichts anderes, als daß er sich die Augen offen hält für die empordrängenden Gewalten, denen die Zukunft gehört und die in keiner Menschenseele gänzlich fehlen. Durch diese Wahrhaftigkeit hat er selbst Freude und kann er andere erfreuen. Ein solcher Mensch kann, wenn er durch seinen Fleiß sich beträchtliche Herrschaft über die Kunstmittel erworben hat, feste klare Bilder der in ihrem Kern erfaßten Erlebnisse eines Menschen zur Darstellung bringen und dadurch andere aus dem Scheinwesen befreien. Ohne diese Wahrhaftigkeit im Erfassen des Wirklichen kann dagegen die virtuoseste Beherrschung der Kunstmittel nichts anderes herstellen als Verzerrungen der Dinge und bei den Menschen, die sich dieses langweilige Geschäft gefallen lassen, eine Verkümmerung der Seele.

Nun ist aber die Reinheit in der Darstellung der eigenen Erlebnisse noch an eine unerläßliche Bedingung geknüpft. Sie wird uns deutlich, wenn wir daran denken, daß das Wichtigste für uns nicht die Werke des in seiner anschauenden und darstellenden Kraft gereiften Künstlers sind. Viel wichtiger ist für uns und für den Künstler selbst der Anfang künstlerischer Tätigkeit, der sich in jedem von uns finden soll. Das ist die ungeschminkte Darstellung unseres Fühlens und Denkens im Verkehr mit andern. Bei den Kindern, die nicht durch im Namen der Erziehung erlittene Gewalttaten verkrüppelt sind, erfreut das jeden gesunden Menschen als eine herrliche Naturgabe. Bei Erwachsenen macht uns dennoch eine ähnliche Unbefangenheit in der Art, sich zu geben, einen viel stärkeren Eindruck. Denn wir werden dabei von dem mitberührt, was bei einem in dem Sturm des Lebens und in dem Gedränge verschrobener Verhältnisse stehenden Menschen dahinterliegen muß, wenn er so ruhig sehen lassen kann, was er in sich trägt und was ihm fehlt.

Ein Erwachsener, an dem die Natürlichkeit eines Kindes erscheint, so daß er schlechterdings nicht anders scheinen will, als er ist, muß ein mutiges Herz haben, und manche Versuchung zur Unlauterkeit muß bei ihm niedergekämpft sein. Er muß innerlich so gefestigt sein, daß er sich nicht fürchtet, wenn Menschen an ihm Anstoß nehmen und ihn ihr Mißfallen fühlen lassen. Es muß ihm möglich geworden sein, manches, was seine Selbständigkeit bedrohte, abzuweisen und seinen inneren Frieden zu finden in der Einigkeit mit sich selbst und mit unsichtbaren Mächten, die mit dem Lebendigen verbunden sind. Vor allem muß die unbesiegliche Lust des Schwachen, vor andern etwas vorstellen zu wollen, was nicht aus ihm selbst quillt, bei ihm ausgetilgt sein.

Die Unreinheit des Gefühls, die Verfälschung des Inneren überhaupt und die Unfähigkeit zu klarem Ausdruck dessen, was dem eigenen Leben angehört, ist in diesen Erscheinungen begründet, in der verstohlenen Hingabe an das, was den Menschen unfrei macht, in der Verwirrung der Angst, in der Lust daran, etwas zu scheinen, was man nicht ist. Aber ihre höchste Stärke erreicht die Verderbnis in diesem Letzten. Denn hier wird sie nicht bloß erlitten, sondern gewollt. Eine Kunst, die nicht aus dem Willen, wahr zu sein, alle ihre Ausdrucksmittel gestaltet, sondern sie erborgt und zurechtmacht zur Reklame für einen Mann, der sich Künstler nennt, ist zu einem unehrlichen Geschäft geworden. Wie sehr ein Volk durch die Unehrlichkeit einer solchen Kunst verdorben wird, bleibt den meisten ganz verborgen. Sie haben in der Regel nicht einmal eine Vorstellung davon, worin die Wahrhaftigkeit der Kunst zu suchen ist. Wohl aber wird jedem von uns es darin am stärksten fühlbar, wie sehr er dem Nichtigen verfallen ist, wenn es einmal deutlich vor ihm steht, daß er anders erscheinen will, als er ist. Die wahre Kunst kann uns die Lauterkeit des Gefühls merken lassen, aus der sie stammt, und kann die Sehnsucht danach wecken. Aber die Befreiung aus dem Elend des Scheinwesens wird uns durch keine Kunst geschenkt. Sie muß in uns selbst entstehen aus einem inneren Besitz, den man keinem zeigen kann, und von dem wir doch hier reden wollen, daß man sich bewußt wird, die Wirklichkeit Gottes zu spüren. In dem Vorgang, der das für uns bedeutet, kriegen wir neue Kraft, öffnet sich uns unsere Heimat, werden wir frei von der Eitelkeit, etwas vorstellen zu wollen, was wir nicht sind.

Ist uns nun dieses Wunderbare wirklich gegeben? Wenn es so wäre, so müßte es alles andere, was uns in Anspruch nehmen will, überstrahlen. Wir müssen uns vielleicht sagen, daß wir es bei uns nicht so finden. Dann beweist das dennoch nicht, daß wir eine solche Offenbarung Gottes überhaupt nicht erfuhren. Es liegt vielmehr nahe, daran zu denken, daß es einen ganz anderen Grund haben kann. Wie oft haben wir auch sonst das Beste, was wir erlebten, uns so entschwinden lassen, daß nur ein matter Schein davon zurückblieb. So kann

Die Wirklichkeit Gottes

es auch bei dieser größten Gabe gewesen sein. Gottes Offenbarung erschien dann auch uns einmal und ließ uns die offenen Tore eines neuen Lebens sehen. Wir aber haben das vorübergehen lassen. Daß es aber einmal da war und eine Erinnerung daran zurückblieb, zeigt uns eine merkwürdige Erscheinung an diesem unserm Leben, solange es nichts von der Gegenwart Gottes weiß. Führen wir ein solches Leben, so will ein schwerer Druck nicht von uns weichen. Das hat nichts zu tun mit bedrängten Verhältnissen oder mit der Trauer über besondere Schicksalsschläge. Was beständig auf uns drückt, sind nicht einzelne Leiden und Kümmernisse. Es ist die einfache Tatsache, daß wir keine immer wieder siegende Freude und keine Kraft besitzen, die über alle Hemmnisse hinausdringt.

Warum finden wir uns aber nicht mit dieser Tatsache ab in dem Gedanken, daß sie nun einmal Menschenschicksal ist? Ist uns doch daneben manches geschenkt, woran wir uns freuen und womit wir uns zerstreuen können. Das genügt uns aber einfach deshalb nicht, weil eine Ahnung davon in uns lebt, daß wir es besser haben könnten. Das ist der Nachklang davon, daß einmal Gottes Offenbarung über uns leuchtete. Die Erinnerung daran kann so undeutlich geworden sein, daß wir nicht mehr zu sagen wissen, wie es zugeht, wenn Gott sich einem Menschen offenbart. Aber ein Schimmer dessen, was dadurch in uns bewirkt wird, ist zurückgeblieben. Dabei muß uns ein Glück erschienen sein, das uns keiner nehmen kann, wenn wir selbst nur an dem Gott festhalten, der uns hat merken lassen, daß er uns nahe ist. Die letzte Spur dieses verlorenen Glückes muß es sein, wodurch uns ein Leben ohne Gott zu einer hoffnungslosen Finsternis wird.

Auf allen Höhenwegen, die die Menschheit sich selbst schafft, zeigt sich uns dasselbe. Sie führen nicht zur Befreiung unseres eigenen Lebens, sondern nur zu Leistungen, die in der Entwicklung dessen, was uns umgibt, mitwirken müssen. Wenn es einmal still in uns wird, so tritt an unserem Leben ohne Gott mit zwingender Deutlichkeit etwas hervor, was so unablässig uns quält und auf uns drückt. Wir kennen es tatsächlich alle. Wir finden nämlich in dieser Welt, wenn sie uns die Nähe Gottes nicht mehr spüren läßt, niemals etwas, wovon wir uns als lebendige Wesen, also innerlich ganz abhängig wissen könnten. Äußerlich sind wir freilich ganz gebunden. Unsere Schicksale müssen wir leiden. Sterben müssen wir schließlich alle. Aber als Wesen, die für sich selbst das Bewußtsein haben, daß sie leben, stehen wir mit den Schicksalsmächten um uns her in einem beständigen Kampf.

Wie sie uns auch bedrohen und binden mögen, wir halten diesen dunkeln Gewalten doch das eine entgegen, daß wir gegenwärtig leben. Als die innerlich Lebendigen stehen wir dieser unendlichen Welt als Wesen anderer Art gegenüber. Aber deshalb eben tragen wir nun auch die Last, daß wir in dieser weiten geheimnisvollen Natur Fremdlinge sind. Indem wir ihr angehören, erfahren wir ihren Widerstand gegen das Bewußtsein des Lebendigen.

Daraus nun, daß wir das empfinden, folgt gewiß noch nicht die Möglichkeit der Befreiung. Aber tatsächlich haben wir alle es einmal erfahren, daß wir in den undurchbrechlichen Schranken uns dennoch frei fühlten. Diese Momente müssen wir uns zurückerobern, damit wir unsere gegenwärtige Bedrängnis mit ihnen verbunden sehen und in ihrem Licht verstehen lernen. Grade in dem Menschen, der sich ehrlich unglücklich fühlt, erwacht im Gegensatz dazu die Frage: Hast du nie etwas davon erfahren, daß alles von dir wich, was dich zwang, dich zurückzuziehen und zu wehren? Hast du keine Vorstellung davon, wie du dich einmal in dem, was du erlebtest, frei und glücklich wußtest? Wenn diese Frage in uns auftaucht, so findet sie auch eine sichere Antwort aus unserer Erinnerung. Wenigstens damals, als mütterliche Liebe noch die Hauptnahrung unserer Seele war, haben wir solches Glück gekannt, und wenn uns dieses Licht aus früher Kindheit wieder ins Herz scheint, wird uns auch sichtbar, daß uns im weiteren Verlauf unseres Lebens dasselbe in anderer Weise gegeben wurde und immer wieder an uns herandringt. Es widerfährt uns überall, wo der Ernst und die Güte treuer Menschen uns dazu bringt, uns zu demütigen und ihnen wirklich zu vertrauen. Dasselbe begegnet uns, wenn wir da, wo man nicht an uns selbst denkt, den Willen zu spüren meinen, die eigene Kraft für die Unterdrückten zu opfern und das eigene Glück in dem Dienst an verkümmertem Leben zu suchen. Nur da, wo wir auf eine solche Vereinigung von Gerechtigkeit und Güte treffen, werden wir zu einer neuen Existenz gebracht.

Denn dieser geistigen Macht öffnen wir uns willig. In diesem innern Vorgang erleben und ergreifen wir das, was uns retten kann. Wir sehen uns in einem solchen Moment von einer Wirklichkeit umfaßt, in der wir nicht mehr uns selbst verlieren. In der Natur ist es immer so, daß die Wirklichkeit, von der wir unsere Existenz getragen sehen, uns zugleich bedrängt und schließlich vernichtet. Dagegen in der herzlichen Hingabe an die persönliche Kraft der Gerechtigkeit und Güte sind wir uns einer Wirklichkeit bewußt, deren wir uns nicht mehr erwehren, weil wir uns ihr frei überlassen, einer Wirklichkeit, die das Lebenselement des Menschen ist. Wir sind nun aus der unermeßlichen Einsamkeit heraus, in der die Stimme unseres Lebens keinen Widerhall fand. Die Vorstellung, daß wir wirklich etwas für uns selbst oder lebendig sind, wird nun von dem Schein einer unsinnigen Illusion befreit durch die Anschauung einer Wirklichkeit, der wir selbst mit ganzer Seele angehören wollen. Damit erst wird der Anspruch auf ein eigenes Leben, der nie ganz in uns verstummt, gerechtfertigt. Solange wir uns schließlich immer von Dingen abhängig wußten, die uns fremd bleiben, war unser Leben ohne Wahrheit; es wird in sich selbst wahr, wenn die reine Hingabe an Eines sich tatsächlich in uns vollzieht.

In dieser einfachen Erfahrung kann sich uns die Wirklichkeit Gottes offenbaren.[1] Das erste ist, daß wir in der Macht, der wir uns tatsächlich frei unterwerfen, den Herrn über unsere Seele gefunden haben. Freilich an den Menschen selbst,

---

[1] Anders wird das Finden Gottes in der herrlichsten Erscheinung katholischer Frömmigkeit, in der Mystik verstanden. Der Mystiker sucht Gott nicht durch die Konzentration der Gedanken auf die ihm gegebene Wirklichkeit, sondern durch eine Disziplinierung der Gedanken, die darauf abzielt, sie von der Erfassung und Ordnung des Wirklichen abzulenken, damit in der so erzeugten Leere die Offenbarung Gottes erscheinen könne. Gott kann auch in einer solchen Seelenmarter erscheinen lassen, was er will. Aber ohne Zweifel wird in dem Verzicht auf die Erfassung des Wirklichen der allmächtige Gott nicht gesucht. Denn er ist in dem Wirklichen. Daß in der heutigen evangelischen Kirche der uneingeschränkte Lobpreis der Mystik nicht verstummen kann, ist begründet in dem allgemeinen Rückzug auf katholische Auffassungen der Religion. Wenn man das Heil in dem Dogma sucht oder in dem Sakramentszauber, wenn man die Wurzel der Religion in der „Ratio" entdeckt zu haben meint, so ist es verständlich, daß sich neben diesen Reliquien der katholischen Scholastiker auch für die berauschende Blüte der katholischen Frömmigkeit, für die Mystik ein Platz bei uns findet. Aber dieser ganze katholische Spuk wird verfliegen, wenn einmal von den Führern der evangelischen Gemeinde zweierlei gewonnen wird. Erstens das von den Reformatoren erreichte Verständnis der Religion, das aus der heiligen Schrift und aus dem Gewissen erwachsen war; zweitens ein Verständnis der reinen, nicht in den Dienst religiöser Bedürfnisse gezwängten Wissenschaft. Vorläufig haben bei uns noch die Epigonen der Romantik und des Rationalismus das Wort, die, ohne es zu wissen, mit dem Katholizismus verbunden sind.

Die Wirklichkeit Gottes

zu denen wir Vertrauen faßten, bemerken wir bald ihre Schwäche. Aber dann grade strahlt die geistige Macht um so heller, die in dem Moment des Vertrauens über uns leuchtete. Indem sie uns gegenwärtig bleibt als das einzige, was uns in Freiheit atmen ließ, löst sie sich von den sichtbaren Trägern ihres Wirkens ab. Dieses Unsichtbare, das wir keinem zeigen können, aber dessen Wirken uns selbst bekannt ist, kann allein so in uns herrschen, daß wir in ihm das über alles Mächtige sehen. Bleiben wir dann so bei der Wahrheit, daß wir den tatsächlichen Gehalt dieses Vorgangs uns nicht selbst verbergen, so folgt das zweite der Gotteserkenntnis von selbst. Die Macht, in der wir den Herrn über unser Leben gefunden haben, wird uns dann auch der Herr über die gesamte Wirklichkeit, in der sich die Bedingungen unserer Existenz ins Unermeßliche ausbreiten, über die Welt. Dieser Gedanke, daß die den Sinnen unfaßbare, uns immer nur in einzelnen Momenten flüchtig berührende geistige Macht die Offenbarung des allmächtigen Gottes ist, entsteht aus der reinen Abhängigkeit, die wir tatsächlich in dem Moment reinen Vertrauens und reiner Ehrfurcht durch die Macht der geeinten Gerechtigkeit und Güte erleben. Mit dem Wort Allmacht suchen wir das zu bezeichnen, was uns in jenem Erlebnis ergriff. Aber wichtiger als alle solche Versuche, das Unaussprechliche zum Ausdruck zu bringen, ist das ruhige Bewußtsein, daß wir nun in derselben Welt, in der wir bisher mit unserem Anspruch auf Leben fremd und verlassen standen, dennoch eine Heimat der Lebendigen gefunden haben. Sie tut sich uns auf, wenn wir uns von einer Macht ergriffen wissen, die uns zu freier Unterwerfung bringt. Wir spüren dann deutlich das in uns erwachende neue Leben, das uns die Natur nicht geben kann. Darin allein offenbart sich uns Gott. Dann sehen wir das Kommen seiner Herrschaft, die uns selig macht.

Jeder, der durch den Verkehr mit treuen Menschen erzogen wird, erfährt das und kommt damit im Grunde über jede Art von Götzendienst hinaus, wenn er nur das, was ihm auf den Höhen eines solchen Verkehrs erscheint, im Auge behält als das einzige, dem er gänzlich angehören kann. Er weiß, daß er das tatsächlich erfuhr und er weiß, daß sich ihm in dieser Erfahrung das einzige öffnet, worin seine Seele wahrhaft leben kann, ohne durch Lebloses eingeengt zu werden. Er kann immer wieder dazu herabsinken, daß er sich an Unpersönliches wegwirft, aber dann wird ihn doch die Erinnerung an die zarte geistige Macht nicht verlassen, die ihn einmal hat merken lassen, daß sie stärker ist als alles andere, was uns durch die Sinne in Anspruch nimmt. Das Lebendige kann freilich niemals so gewaltsam auf uns wirken, wie das Sichtbare; aber wenn es Leben in uns weckt, drängt es das Tote beiseite. Jeder erfährt das einmal, wenn er durch Erziehung zum Menschen wird. Deshalb hält es ein ernster Mensch bei erträumten Göttern oder bei einem Gott, „an den" er nur „glauben" will, nicht aus. Er bleibt doch schließlich an die wirkliche Macht gebunden, die ihm da begegnet, wo er das Unsichtbare im Menschen ehrt, weil er sich durch dieses Eine im Innersten bezwungen, gedemütigt und befreit weiß.

Daß nun diese den Sinnen verborgene, aber jedem Menschen sich offenbarende Macht allein der lebendige Gott ist, ging in dem Monotheismus Israels der Menschheit auf. Das was im Menschen Ehrfurcht und Vertrauen schafft und damit die Zuversicht und Selbständigkeit wahrhaftigen Lebens erzeugt, wurde damals als das ergriffen, was in der ganzen Existenz des Menschen, also in allem Wirklichen mächtig sei. So wurde der allmächtige Gott als eine für sie unleugbare Wirklichkeit von ernsten Menschen gefunden. Das zeigt sich an den Bildern, in denen sich Israel das Wirken Gottes vergegenwärtigte. Ein Wesen, das den Menschen mit ernster Güte in Zucht nimmt und das ihn wie eine Mutter tröstet, der erhabene König, der Recht schafft, der Retter der Bedrängten, der unerbittliche Richter, der Held, der die Seinen zum Siege führt, der Hüter, der nicht schläft noch schlummert, der Arzt, der alle Wunden heilt – für Menschen, die so von Gott redeten, mußten bestimmte Erfahrungen, die sie an Menschen gemacht hatten, zu Offenbarungen geworden sein, die sie von der Allmacht des Unsichtbaren überzeugten.

Das ist das Eigentümliche des israelitischen Monotheismus, daß hier der Gedanke des einen allmächtigen Gottes allein aus den Erfahrungen erwächst, die dem sittlichen Verkehr mit Menschen angehören; daß man dann diesen Gott auch in Naturerscheinungen walten sieht, die dem Menschen zu Herzen gehen, versteht sich von selbst. Aber während sonst überall die Spuren wirklicher Religion von der bunten Fülle solcher Erlebnisse überwuchert werden, wird in dem biblischen Monotheismus, der auch nicht ohne diese Wunder der Natur sein kann, doch die stille Macht dessen, dem allein sich der Mensch mit ganzer Seele hingeben kann, in unversehrter Erhabenheit bewahrt. Hier allein kann daher das Gebot der Gottesliebe als das allumfassende Gebot verstanden werden, weil man deutlich das vor Augen hat, was den Menschen wirklich innerlich einigt. Die zuerst in dem israelitischen Monotheismus erschienene Religion stellt allein die Einheit des Bewußtseins im Menschen dar, die leider auch Leiter evangelischer Kirchen, die von dem Grundgedanken der Philosophie berührt wurden, sich von der Wissenschaft beschaffen lassen wollen. Die in der Philosophie gemeinte Einheit des Bewußtseins kann nichts anderes sein, als die in aller wissenschaftlichen Erkenntnis gemachte Voraussetzung. Das ist ein Gedanke, nach dem man sich richten muß, um überhaupt eine allgemeingültige Erkenntnis des Wirklichen zu erreichen. Davon ist natürlich die Einheit des Bewußtseins zu unterscheiden, nach der jeder gesunde Mensch verlangt, und die nichts anderes bedeutet, als ein einheitliches Verständnis der Erlebnisse, die er für sich allein hat. Das wird nicht durch Wissenschaft erarbeitet, sondern in dem Erwachen der Religion wird es uns geschenkt. Es ist schlimm für die christliche Gemeinde, wenn ihre Führer diesen Unterschied nicht machen können, weil ihnen daran liegt, einer sogenannten Philosophie das Leben zu fristen, die nichts anderes ist, als ein trübes Gemisch von Religion und Wissenschaft, dessen der Katholizismus zu seiner Behauptung zumal in unserer Zeit bedarf. Aber trotz dieser kirchlichen Verirrungen wird es doch dabei bleiben, daß die schließlich in der Geschichte siegende Stärke der Einheit mit sich selbst oder der wahren inneren Lebendigkeit sich allein bei denen findet, die den Gott der Propheten gefunden haben. Weil die Propheten daran festhielten, daß sich in jeder menschlichen Seele eine Spur dessen finden müsse, was allein die innere Einigung des Lebendigen begründen kann, deshalb war die Zuversicht möglich, daß einmal alle Völker zu dem Gott Moses kommen würden, oder daß die Religion Israels die Religion der Menschheit sei.

Wie das zuging, ist für uns nicht die Hauptfrage. Aber das müssen wir wissen, wie wir selbst dazu kommen können, daß uns Gott ebenso in der von uns durchlebten Wirklichkeit als eine anschauliche Macht gegenwärtig ist. Er kann uns freilich nicht anders anschaulich sein, als in seinem Wirken auf uns. Und das enthüllt sich uns nur, wenn wir bei der Wahrheit bleiben und die Wirklichkeit nicht verleugnen, die wir deutlich sehen. Wir haben selbst das vor Augen, was allein so völlig in uns herrscht, daß wir ihm gänzlich angehören können. Es ist uns klar, daß wir die unser Herz bezwingende Macht nirgendwo sonst finden können, als da, wo in uns die Anschauung eines Willens erweckt wird, der Gerechtigkeit und Güte ist. In einem solchen Moment stehen wir also wirklich vor dem einzigen, worin wir den Herrn über alles Andere sehen können. Auf diese Erfahrung allein kommt es an. In ihr finden wir unsern Gott. Gegen die Leute, die in Israel immer wieder diese Tatsache als nicht vorhanden behandeln konnten, hat sich daher der Grimm der Propheten wie gegen bewußte Lügner erhoben. Und wir müssen uns nun selbst fragen, ob wir nicht in Unwahrhaftigkeit versinken, wenn wir die Macht, die so auf uns wirkte, als nichtig behandeln können.

Wir dürfen uns dann nicht mehr durch die Frage verwirren lassen, wie wir uns den Allmächtigen vorstellen sollen. Ein Bild von ihm können wir uns nicht machen. Denn was ein allmächtiges Wesen für sich selbst ist, bleibt uns verborgen. Aber in dem, was er an uns wirkte, ist er uns erschienen. Von Gott können wir nur sagen, was er an uns tut. Wir erleben bestimmte Erfahrungen, an deren Inhalt wir erkennen, daß nicht die Welt uns das schenken kann. Wenn wir also an den Geber dieser Gaben denken, haben wir Gott vor Augen, eine überweltliche Macht, die uns das unvergleichlich Große schenkt, ein Glück, das immer größer wird, je mehr es genossen wird. Gottes Wirklichkeit steht um so gewaltiger vor uns, je deutlicher uns die Gaben werden, in denen er sich offenbaren will. Sie sind aber alle darin beschlossen, daß wir tatsächlich im Verkehr mit Menschen einer geistigen Macht begegnen, der wir uns in Ehrfurcht und Vertrauen willig öffnen.

Wir kommen also der Wirklichkeit Gottes nur dadurch näher, daß wir das Gewaltigste, was wir erlebt haben, auch bleiben lassen, was es für uns ist. Es begegnet uns der Zweifel, wie das, was uns so zart und flüchtig berührt, uns als die rettende Macht immer gegenwärtig bleiben könne. Darauf ist zu erwidern, daß der Gehalt vergangener Erlebnisse uns nur dadurch ein Element unseres gegenwärtigen Lebens werden kann, daß wir ihn zur Gestaltung unserer Zukunft gebrauchen wollen. Es kommt also in der Tat darauf an, ob wir glauben wollen. Das heißt aber nicht, daß wir uns vorspiegeln, wir machten durch unsere Anstrengung Gedanken anderer zu unserem Eigentum. Wir sollen vielmehr einer Tatsache, die als unser Erlebnis bereits unser Eigentum ist, unsere ganze Zukunft *anvertrauen*, wie dunkel sie auch vor uns zu liegen scheint.

Der Glaube, der uns rettet, ist nur der, in dem eine solche Erinnerung wirksam ist, aber von uns selbst als das über unser Leben Entscheidende ergriffen wird. Unser Schicksal ist daher wirklich in unsere Hand gelegt. Wir können freilich immer wieder in die Vorstellung zurücksinken, daß nur das sinnlich Faßbare und Beweisbare etwas ausrichten könne. Aber dann fallen wir von der Wahrheit ab, die deutlich vor uns stand, und setzen uns über die Tatsache hinweg, die wir erlebt haben, wie in uns selbst ein Leben in Wahrheit geschaffen wurde. Dies in der Natur und durch sie Unmögliche ist das Werk der unsichtbaren und unbeweisbaren Kraft, die wir in dem Moment des Vertrauens als an uns wirksam erfuhren. Sie hat durch Menschen an uns bewirkt, daß wir aus der Enge eines in Furcht und Selbstsucht gebundenen Lebens erhoben wurden und in freiem Vertrauen atmen konnten. Aber wenn diese Menschen sterben oder treulos werden, so lebt sie selbst weiter in den Spuren des Lebens, das sie geschaffen hat. Wenn wir dieses unvergleichlich Große nicht fahren lassen wollen, müssen wir die Macht, die darin an uns wirksam ist, nicht achtlos vorüberziehen lassen. Wir dürfen die Mühe nicht scheuen, sie so zu erfassen und zu behandeln, wie sie sich uns offenbart.

Ohne Zweifel steht doch das als lebendig vor uns, was wir als lebenschaffende Kraft in uns selbst erfahren. In dem Moment, wo wir zu wahrhaftigem Leben erhoben werden, schauen wir die Macht, unter deren Berührung das an uns geschieht, als lebendig an. Wollen wir dann bei der Wahrheit bleiben und das für uns Wichtigste nicht vergehen lassen, so müssen wir das, was sich uns als schöpferisch lebendig offenbarte, auch als solches behandeln. Das Gebot der Wahrhaftigkeit sollen wir nicht bloß im Verkehr mit andern, sondern vor allem in der Stille unseres eigenen Lebens erfüllen. Es macht uns zur Pflicht, daß wir das Unsichtbare, das wir als lebendig erfuhren und als uns rettende Macht ergriffen, anreden und darauf horchen, ob es nicht immer wieder uns durch das vernehmlich werden will, was aus den Tiefen der Welt an uns herandringt. Dann klopfen wir an bei dem Verborgenen, das wir deshalb zu finden wissen, weil wir seine Macht in einem unvergleichlichen Erlebnis erfahren haben. Klopfen wir aber so an, so widerfährt uns das, was ein den Christen besonders teures Wort Jesu verheißt: dann wird uns aufgetan [Mt 7,7 f. Lk 11,9]. So haben es viele im Gebet erfahren, daß ihnen die Tür zu einem Leben in Kraft und zu einem unermeßlich reichen Erleben geöffnet wurde. Wenn wir denselben Weg gehen, so handelt es sich nicht um einen Versuch ins Unbestimmte, was nach der Meinung vieler der Anfang des Glaubens sein soll. Sondern es handelt sich um die schlichte Anerkennung einer von uns erlebten Tatsache, in der wir den Herrn über unsere Seele und damit eine Wirklichkeit, in der wir atmen können, gefunden haben.

So bricht in uns das an, was für jeden, der es erlebt, ein Sonnenaufgang aus tiefer Finsternis ist, die wirkliche Religion. Wer nun aber Religion nicht aus eigener Erfahrung kennt, wird alles das, woraus sie wirklich entspringt, für sehr gering halten. Er sehnt sich vielleicht nach dem Frieden und der Freudigkeit, die er bei frommen Menschen wahrzunehmen meint. Aber auch dann wird er unter der Offenbarung Gottes, auf die sich die Frommen berufen, sich etwas viel Gewaltigeres vorzustellen suchen, als er aus dem Ausdruck ihrer religiösen Erfahrung entnehmen kann. Er hat ganz mit Recht die Vorstellung, die Offenbarung Gottes müßte als ein unerhörtes Erlebnis dem Menschen aufgehen. Nun muß er aber hören, daß sie in Erlebnissen zu finden sei, die jedem Menschen geschenkt werden, ohne daß es besonderer Künste bedürfte, in einfacher Besinnung auf das, was ihn zum Menschen erzieht. Daß nun eben dies, was sich in dem Lebensgange jedes Menschen finden muß, die irdische Hülle des Göttlichen sein soll, oder daß darin jedem von uns der lebendige Gott faßbar wird, will vielen schwer eingehen. Zumal diejenigen unter uns, die durch wissenschaftliche Bildung die wunderbare Tatsache einer unendlichen Welt erfaßt haben, können sich oft nicht darein finden. Wie soll in einem Moment, der als etwas Alltägliches erscheint und der schnell und spurlos verwehen kann, das Allgewaltige liegen, das diese Welt zu einem Werkzeug seiner Fürsorge für eine einzelne arme Seele macht?

So lautet der Einspruch. Die Religion aber antwortet darauf mit dem Worte Luthers: „Gott ist so allmächtig, daß ihn die Menschen für nichts achten können." [nicht nachgewiesen] Er will uns nicht vergewaltigen, deshalb kommt er in dem Schwachen und Unscheinbaren. Aber er dringt an unser Gewissen, an unsern Wahrheitssinn mit der schlichten Frage, ob wir nicht der Wahrheit gehorchen und die von uns erlebte Tatsache anerkennen wollen, daß wir nur eins als das erfahren, was in unserer eigenen Seele herrschen kann. Der Herr über unsere Seele erschien uns in der Einigung von Gerechtigkeit und Güte, die sich uns durch ehrwürdige Menschen

Die Wirklichkeit Gottes

offenbart. Jeder von uns erfaßt dieses Wesen als das einzige, das er sich als allgewaltig denken kann. Indem wir uns von seiner Macht berührt wissen, hören wir deshalb auch die Forderung: du sollst nicht andere Götter haben neben mir [Ex 20, 3]. Wenn wir die Wahrheit dieses Gebots in solcher Weise verstehen und ihm deshalb gehorchen wollen, so merken wir auch sogleich, wie sich unsere in der Welt verlassene Seele nach diesem Einen ausstreckt, das sie allein mit allen ihren Kräften lieben kann. Mag andern die Tatsache, die in uns diese reine Hingabe oder den Glauben schafft, gering erscheinen. Uns ist sie unsagbar gewaltig, weil sie die von uns selbst in der Wirklichkeit ergriffene und erlebte Offenbarung Gottes ist.

Wir finden also Gott nicht in derjenigen Wirklichkeit, die durch die Beweise der Wissenschaft schließlich vor jedem klaren Verstand erscheinen kann. Aber in den Erlebnissen, die er für sich allein hat, kann jeder ihn finden. Es widerfährt freilich nur dem, der das, was er erlebt, nicht zerflattern lassen will, sondern auf das horcht, was ihm darin als ein Ruf zum Leben vernehmlich wird. Es ist heidnischer Aberglaube, wenn man die Wirklichkeit des allmächtigen Gottes wie eine Sache behandelt, die mit den Sinnen aufgenommen, oder von der Wissenschaft erwiesen und in den Zusammenhang der Dinge eingeordnet werden kann. Diesem Aberglauben wehren wir mit dem Wort der Schrift, daß der Fromme sich an den Unsichtbaren hält, als sähe er ihn [Hebr 11,27]. Es ist Gottes Ordnung, daß die Menschen, die der ihnen erschlossenen Wahrheit nicht gehorchen wollen, ihn verleugnen können. Aber wer das tut, wird doch einmal die Allmacht Gottes anerkennen müssen, wenn er der Zerstreuung entrissen wird und ganz mit sich allein ist.

Für jeden Menschen hat nur die von ihm selbst erlebte Geschichte eine entscheidende Bedeutung. In dieser Geschichte, in ihrer Not und in ihren Wundern kann er den auf ihn wirkenden Gott finden. Hat er ihn gefunden, so kann ihm in der neutestamentlichen Überlieferung die Person Jesu begegnen, und er wird dann in ihr mit Frohlocken den Erlöser begrüßen, dessen grade er von nun an bedarf. Er hat es dann nicht zu fürchten, wenn gelehrte Männer, die die wirkliche Religion noch nicht verstanden haben, mit einer jedem Anfänger bekannten Konsequenz der wissenschaftlichen Methode ihm die Person Jesu in Nebel auflösen wollen. Diese Person bleibt dem Christen, der den lebendigen Gott gefunden hat, ein Element der von ihm selbst erlebten Geschichte und als solches die herrliche Gabe Gottes, der Erlöser aus der schwersten Not. Aber dieser Erlöser wird nur da verstanden, wo ihm die zuerst in der alttestamentlichen Frömmigkeit erschienene Erkenntnis der Wirklichkeit Gottes die Herzen geöffnet hat. Wenn das evangelische Christentum den Zusammenhang mit dem Alten Testament verliert, so wird es sich dessen schwer erwehren können, daß die Religion in dem Naturrausch der Mystik gesucht wird, und daß die Anfänge ernster männlicher Frömmigkeit in dem Spiel der Technik untergehen, die einen solchen Rausch erzeugen soll. Aber alle wahre Frömmigkeit wird einmal dessen inne, daß sie des Erlösers Jesus Christus bedarf. Er erst macht den Glauben zu einem Leben, dem alles Wirkliche lebendig wird. Wer so Jesus Christus kennen lernt und den durch ihn befreiten Glauben, versteht die christliche Religion.

Der geschichtliche Christus der Grund unseres Glaubens

Das obige Thema habe ich in der Zeitschrift »Beweis des Glaubens« (1889-90) in Auseinandersetzungen mit *v. Nathusius* und *Grau* behandelt. Ich hatte dabei an die Angriffe dieser Theologen auf meine früheren Ausführungen angeknüpft. Die Verhandlung mit *Grau* im „Beweis des Glaubens" fortzusetzen, bin ich leider dadurch verhindert worden, daß meine Zeit durch unsere Zeitschrift beansprucht wurde. Mitgewirkt hat dabei auch der Umstand, daß *Grau* in seinem letzten gegen mich gerichteten Aufsatz Darlegungen von *Kaftan* mit den meinigen zu einem Angriffsobjekt verbunden hatte. Denn so sehr ich mich auch mit *Kaftan* in der Hauptsache verbunden weiß, so gibt es doch auch zwischen uns theologische Differenzen, die es als untunlich erscheinen lassen, mir kurzweg die Vertretung seiner Sätze oder ihm die der meinigen zuzuschieben. Vor Allem aber ging das nicht an im Verfolg einer solchen Wechselrede, wie ich sie mit *Grau* begonnen hatte. Denn wenn dabei etwas Nützliches herauskommen soll, so ist es nötig, daß sich jeder der Streitenden auf das Strengste an die Thesen hält, die der Gegner zur Verhandlung dargeboten hat. Ich hatte das getan; *Grau* ist leider davon abgewichen. Es ist mir daher schon deshalb nahegelegt, das Thema in anderer Form weiter zu erörtern. Zu meiner großen Freude haben auch andere die Wichtigkeit der Frage empfunden. *Oppenrieder* (Neue Kirchliche Zeitschrift 1891, S. 312 ff.), *Ewald* (Der geschichtliche Christus und die synoptischen Evangelien. Leipzig 1892) und vor Allen *Kähler* (Der sogenannte historische Jesus und der geschichtliche, biblische

Christus. Leipzig 1892) sind mit zum Teil scharfer Wendung gegen mich darauf eingegangen. Es wird sich immer mehr herausstellen, daß auf dem Boden dieser Frage der Streit zwischen der neuen theologischen Position, die man die Ritschl'sche Schule nennt, und den andern theologischen Gruppen entschieden werden wird. Wer innerhalb der evangelischen Theologie der Gegenwart seine Stellung nehmen will, hat an diesem Punkte die wichtigste Entscheidung zu treffen.

Der Streitpunkt ist die alte Frage der Reformation: wie werde ich dessen gewiß, daß ich einen gnädigen Gott habe? In der christlichen Kirche ist keine andere Antwort darauf möglich als: durch Jesus Christus. Aber diese Antwort treibt zu einer neuen Frage. Es fragt sich, wie wir gegenwärtig Jesus Christus als den Grund des Glaubens erfassen, daß es einen Gott gibt, der uns aus aller Not und Sünde herausführen will. Daß uns die h. Schrift dazu dient, ist für evangelische Christen selbstverständlich. Aber sie hilft uns nur, wenn wir sie richtig gebrauchen. Aus der katholischen Kirche haben wir einen doppelten Gebrauch der h. Schrift übernommen. Sie dient uns als Gesetzbuch religiöser Lehre und als Erbauungsbuch. Die evangelische Kirche ist der Überzeugung, daß sie in beiden Beziehungen mit dem Erbe der alten Kirche erst rechten Ernst mache, denn sie hat die Bibel dem Volke gegeben und will in ihrer Lehre sich streng an den Ausdruck des Glaubens binden, den die h. Schrift bezeugt. So gebraucht sie die h. Schrift, weil sie davon überzeugt ist, daß durch dieses Buch Gott zu uns redet. Aber in der evangelischen Kirche hat sich noch ein dritter Gebrauch der h. Schrift ausgebreitet. Sie wird gebraucht als eine Urkunde geschichtlicher Zustände, die der Gegenstand historischer Forschung sind. Daß diese wissenschaftliche Arbeit aus dem Triebe des Glaubens entsprungen sei, dessen teuerster irdischer Besitz die Bibel ist, wird sich schwerlich behaupten lassen. Aber sie hat in der evangelischen Theologie eine solche Macht gewonnen, weil sich das Glaubensinteresse evangelischer Christen mit ihr verbinden kann. Denn sobald wir uns davon überzeugt haben, daß mit den Mitteln der Geschichtsforschung überhaupt etwas auszurichten ist, werden wir auch, je teurer uns die Bibel ist, wünschen müssen, daß diese Mittel bei ihr gebraucht werden. Es kann dem Glauben nicht gleichgültig sein, ob das Beste getan wird, um gerade auf diesem Gebiete das nachweisbar Wirkliche klar zu stellen. Auf jeden Fall würde evangelischer Glaube es nicht vertragen können, wenn er sich eingestehen müßte, daß er um seinetwillen die Forschung nach der Wahrheit aufhalte. Das will auf allen Seiten der evangelischen Theologie niemand.

Aber der Aufschwung der historischen Forschung hat nun hier ähnlich gewirkt, wie die gewaltige Entwicklung der Technik auf sozialem Gebiete. Was in unserm Jahrhundert die Gesellschaft durch die Siege der Industrie über die Naturkräfte gewinnt und leidet, widerfährt der Kirche durch die historische Forschung. Die Mittel zum Leben werden unablässig gemehrt; aber das Lebendige selbst, das genährt werden soll, hat an Kraft verloren und sieht sich außerstande, die neuen Verhältnisse zu beherrschen. Wie die Industrie dem Staate über den Kopf gewachsen ist, so die historische Forschung der systematischen Theologie. Der Glaube der Christenheit, dem die historische Forschung dienen sollte, sieht sich durch sie in seinen Grundfesten bedroht. Die Bibel, deren Reichtümer erschlossen werden sollten, wird in dem Betriebe dieser Arbeit etwas Anderes, als der Glaube an ihr zu haben meinte. Es ist daher wohl zu verstehen, wenn sich bei ernsten Christen eine tiefe Verstimmung gegen die Wissenschaft festsetzt, die den Boden, auf dem die Kirche steht, rücksichtslos unterwühlt. Die Verstimmung wird dadurch noch gemehrt, daß viele Arbeiter dieser Wissenschaft, ob gleich sie Theologen heißen, bei der Darlegung ihrer Ergebnisse nichts davon verspüren lassen, daß ihnen die Not des Glaubens zu Herzen geht. Aber die Kraftlosigkeit müßte bei uns schon überhand genommen haben, wenn wir diese Erscheinung als den Hauptschaden anklagen wollten. Der Hauptschaden ist vielmehr das unvermeidliche Ergebnis der historischen Forschung, daß der Kirche, die sie zuläßt, die Bibel nicht das bleiben kann, was sie nach katholischen Grundsätzen ist, das Gesetzbuch religiöser Lehre.

Manchen scheint dieser Satz zu weit zu greifen. Er wird auch dadurch erst richtig begrenzt und in seinem richtigen Sinn gesichert, daß daneben beachtet wird, was trotzdem die h. Schrift der Kirche bleibt. Sie behält in der Kirche die Herrschaft. Es wäre lange nicht genug, wenn wir die Bibel nur als das unvergleichliche Erbauungsbuch würdigen wollten. Für einzelne Christen mag das ausreichen, für eine Kirche, die Knochen hat und sich nicht in ein undogmatisches Christentum auflösen will, reicht es nicht aus. Die Bibel bleibt uns das Wort Gottes, weil sie uns den Grund des Glaubens darreicht und uns den Glauben selbst in seiner Vollendung zeigt. Aber trotzdem ist es nötig, es unumwunden auszusprechen, daß für keinen von uns die h. Schrift noch das Gesetzbuch religiöser Lehre sein kann. Wer sie unter uns noch als solches gebraucht, handelt gegen seine Überzeugung, wenn er sich dessen vielleicht auch nicht bewußt ist.

An einzelne Ergebnisse der historischen Forschung brauchen wir nicht zu erinnern. Das Entscheidende ist die Tatsache, daß sie überhaupt auf die biblischen Bücher erstreckt wird. Denn sobald das geschieht, wird an diesen Büchern etwas vorgenommen, was gegenüber dem Gesetzbuch des Glaubens absolut unzulässig ist. Unantastbar und unerschütterlich muß das sein, dem der Gehorsam des Glaubens gelten soll. Müßte ich mir daher sagen, daß dieser Gehorsam der h. Schrift gebühre, so würde ich gegen die historische Forschung, die sich ihrer bemächtigen will, wie gegen den Teufel kämpfen. Tut das die evangelische Kirche? Es gibt keine Gruppe der evangelischen Theologie, die die Kraft und Entschlossenheit dazu aufbrächte. Ob man sich in der Kritik möglichst konservativ oder möglichst radikal verhält, trägt für die Hauptsache gar nichts aus. Ein Gesetzbuch des Glaubens verträgt überhaupt keine Kritik, weder an seinem Text, noch an seinem Inhalt. Es ist begreiflich, daß die christliche Gemeinde in weiten Kreisen den möglichst konservativen Kritikern besondere Gunst schenkt, weil sie von deren Arbeit den Eindruck empfängt, daß sie im Grunde alles beim Alten lasse. Um so mehr ist es die Pflicht solcher Kritiker die Gemeinde darüber aufzuklären, daß das ein Irrtum ist. Wenn die Wissenschaft überhaupt an die biblischen Bücher herantritt, so setzt sie hier, wie überall, ihren Gegenstand in Bewegung. Eine Wissenschaft, die ihren Gegenstand so ließe, wie sie ihn empfing, die nicht die bisherigen Vorstellungen darüber berichtigte, wäre ihres Namens nicht wert, deshalb muß eine Kirche, die mit dem Gehorsam des Glaubens Ernst machen soll, die Macht, der sie unbedingt gehorchen will, dem Umbildungsprozeß der wissenschaftlichen Arbeit entrückt wissen. Der h. Schrift also, zu der die evangelische Kirche der Wissenschaft den Zugang verstattet, gehorcht diese Kirche nicht unbedingt.

Daß die Furcht vor der Gemeindeorthodoxie oder das Unvermögen, zu prinzipieller Klarheit vorzudringen, diese Tatsache verschleiert, ist ein schweres Übel. Wir klagen über die Machtlosigkeit der evangelischen Predigt gegenüber dem modernen Geistesleben. Aber einige Schuld daran trägt doch auch die Kirche, die der Gemeinde gegenüber so tut, als ob der h. Schrift unbedingt gehorcht werden müsse, aber nicht den Mut findet, der Theologie die historische Arbeit an den biblischen Büchern zu verbieten. Diese Halbheit bleibt nicht verborgen. Sie lähmt nicht nur die Tatkraft bei den amtlichen Vertretern der Kirche, sondern schwächt auch das Vertrauen zu ihrer Verkündigung. Die orthodoxe Inspirationslehre hatte den Zaun um die Bibel gemacht, der die wissenschaftliche Forschung ausschloß. Moderne Theologen, wie Dieckhoff, Frank, Luthardt verstehen es nun vortrefflich, den Widersinn dieser Lehre darzulegen. Aber „unsere Alten" haben doch wenigstens das Bedürfnis der Kirche befriedigen wollen, die Autorität, der der Glaube unbedingt gehorchen soll, der Gemeinde als etwas Unantastbares zu zeigen. Die Modernen befriedigen dieses kirchliche Bedürfnis nicht. Denn Alles, was sie aus warmem Herzen über die Inspiration der h. Schrift sagen mögen, ist kirchlich wertlos, so lange es nicht zu der Schärfe der alten Lehre ausgeprägt ist und die Wissenschaft ausschließt, die Text und Inhalt der biblischen Bücher zum historischen Problem macht. Aber daß die Kirche infolge dessen in einer sehr schwierigen Lage ist, fühlen sie auch.

Aus dieser Not erklärt sich die eigentümliche Anwendung, die Frank von der Methode Schleiermachers machte. Für jeden einzelnen soll das Erlebnis seiner eigenen Wiedergeburt die Quelle sein, aus der die in der Geschichte unter sehr komplizierten Verhältnissen entstandenen Dogmen emporsteigen. Ebenso soll dieses Erlebnis die alles tragende Autorität sein, die dann schließlich auch die Autorität von Schrift und Bekenntnis in gewissen Grenzen legitimiere. Aber ganz abgesehen von dem theologischen Recht dieses Verfahrens[1] wird sich Frank selbst nicht verbergen können, daß dem Bedürfnis der Kirche auf solche Weise nicht gedient ist. Denn es wird nicht viele Christen geben, die dem Bewußtsein von ihrer eigenen Wiedergeburt eine solche Tragkraft zutrauen dürfen. Die Meisten wissen sich vielmehr nur deshalb als wiedergeboren, weil sie sich von einer objektiven Macht gehalten wissen, an der sich ihr verzagtes Herz immer wieder aufrichten kann. Noch geringer wird, selbst unter den Theologen, die Anzahl derer sein, die den schwierigen Weg verfolgen können, auf welchem Franks Systeme den Leser von dem Bewußtsein der Wiedergeburt zu den alten kirchlichen Positionen oder auch zu einer Kritik derselben führen wollen. Das ganze Unternehmen Franks ist historisch sehr wohl verständlich als der Versuch, die Frage nach der Autorität, deren der um seine Existenz kämpfende Glaube bedarf, zu beschwichtigen durch den Hinweis darauf, daß ja der Glaube, wenn er überhaupt vorhanden ist, alles hat. Daß in der Not dieser Zeit ein solcher Versuch aufkam, ist verständlich, und daß dadurch Manchen ein Gefühl der Sicherheit gegeben sein wird, wollen wir nicht bezweifeln. Aber es läßt sich doch nicht verdecken, daß die Kirche für den Glauben zu sorgen hat, der beständig um den Besitz seiner Güter kämpft. Dieser Glaube fragt nach dem völlig Gewissen, woran er sich schließlich zu halten hat, und nach der Autorität, die unbedingte Unter-

---

[1] Daß ein solches Recht nicht besteht, ist von Gottschick (vergl. »Die Kirchlichkeit der sog. kirchl. Theologie« S. 121–52) und von Kaftan (vergl. „Die Wahrheit der christlichen Religion" 1888 S. 238–41) überzeugend nachgewiesen. Der sonderbar hochfahrende Ton, mit welchem Frank auf Gottschicks Kritik geantwortet hat, ist insofern nicht unerfreulich, als er die Vermutung nahelegt, daß Frank sich selbst in seiner Position nicht mehr sicher fühlt.

werfung verlangt. Er weiß freilich von sich selbst, daß er nicht aus menschlicher Erwägung und Entschließung entspringt. Aber er tritt dennoch ins Leben als ein Akt des Gehorsams, der die Autorität kennt, der er unbedingt gehorcht. Wird daher dem Glauben die Autorität unklar, so wird er selbst kraftlos. Darüber kann kein Zweifel bestehen. Es wäre aber ganz vergeblich, wenn wir der Frank'schen Theologie eine runde klare Antwort darüber entnehmen wollten, worin der Glaube die unantastbare Norm seines Denkens finde. Wir sehen uns vielmehr immer wieder darauf zurückgewiesen, daß der Glaube sich klar werden müsse über das, was ihm eben mit seiner Existenz von Gott gegeben sei. Aber diese Existenz ist ein fortwährendes Entstehen. Und in diesem inneren Vorgang ist die Frage nach der Autorität nicht zu umgehen. Durch den Hinweis auf die h. Schrift kann Frank sie nicht erledigen, denn an dieser übt er Kritik. Die h. Schrift kann er nur noch dazu benutzen, daß er an ihr die Ergebnisse mißt, die er durch seine Forschungen über den Inhalt seines gläubigen Bewußtseins gewonnen hat. Wer aber der Meinung ist, daß er der aus dem Glauben geborenen Gedanken sich bemächtigt habe, mag sich noch so ernstlich vornehmen, seinen Gewinn an der h. Schrift zu normieren; unwillkürlich wird er sich doch bei der Auswahl und Behandlung der Schriftstellen durch eben das leiten lassen, was er angeblich einer höheren Instanz unterbreiten wollte. Die h. Schrift ist dabei nicht der unbestechliche Richter, sondern der gefällige Anwalt der Gedanken, die das gläubige Subjekt aus sich hervorgehen läßt. Gemildert wird dies Mißverhältnis nur dadurch, daß Frank, indem er diese Gedanken ans Licht führt, bereits die h. Schrift und das Bekenntnis vor Augen hat, womit sie später übereinstimmen müssen. Bei diesem Verfahren, das es in jedem einzelnen Falle zweifelhaft läßt, bei wem die letzte Entscheidung liege, ist es freilich nicht nötig, die h. Schrift mit den Prädikaten auszustatten, die ihre unantastbare Autorität außer Zweifel stellen würden. Frank hat diese Prädikate aufgegeben, wie wir alle. Aber er darf sich deshalb ebensowenig wie wir der Frage entziehen, wo die gläubige Gemeinde die Autorität finde, der der Gehorsam ihres Glaubens gilt.

Die evangelische Theologie hat die historische Forschung in sich aufgenommen und sieht sich nun durch sie ihrer bisherigen Grundlage beraubt. Diese Beunruhigung kann jedoch für die evangelische Kirche ein Segen werden, wenn sie nämlich Kräfte des Glaubens in uns aufruft. Die destruktiven Folgen der historischen Forschung können aber auf den in der evangelischen Gemeinde vorhandenen Glauben sehr verschieden wirken. Eines freilich wird sicher eintreten. Der Glaube wird es immer schmerzlich empfinden, wenn etwas, das mit seinem eigenen Leben verbunden war, zerstört wird. Es wäre daher seltsam, der evangelischen Gemeinde zuzumuten, sie solle es gleichgültig mit ansehen, wenn die Vorstellung, daß die h. Schrift das unantastbare Gesetzbuch religiöser Lehre sei, rettungslos zerfällt. Denn diese Vorstellung hat dem Glauben von Generationen evangelischer Christen einen Halt gegeben. Ihrem Untergange würden wir daher nur dann gleichmütig zusehen können, wenn wir, was Andere davon gehabt haben und noch haben, nicht mehr nachempfinden könnten. Nach hundert Jahren wird vielleicht schon ein entwickelter historischer Sinn dazu gehören, um dieses Nachempfinden fertig zu bringen. Jetzt dagegen würde unser Glaube leblos sein, wenn es uns fehlte.

Es ist nur natürlich, wenn jener Schmerz in der Gemeinde den Wunsch erzeugt, es möge die wissenschaftliche Arbeit, die ihr Unruhe gemacht hat, abgewiesen werden. Wenn evangelische Christen sich zu einem solchen Widerstande aufraffen, so ist auch an dieser Kraftäußerung der Glaube beteiligt. Aber auf die Dauer ist diese Haltung bei uns nicht möglich. Denn unser Glaube hält es nun einmal mit der Wahrheit und deshalb auch mit der Forschung nach der Wahrheit. Es ist daher ganz aussichtslos, evangelische Christen dadurch schützen und beruhigen zu wollen, daß man ihnen einredet, mit der Bibel dürfe sich die historische Forschung nicht befassen. Denn dadurch wird etwas in sie eingeführt, was gegen den eigenen Trieb ihres Glaubens geht und durch dessen Kraft, wenn sie nicht erstickt wird, wieder ausgestoßen werden muß. Noch verwerflicher wäre es freilich, der Gemeinde vorzureden, daß die historische Forschung ohne Schaden zugelassen werden dürfe, weil sie, wenn nur richtig ausgeübt, die in der gläubigen Gemeinde ererbte Vorstellung von der Bibel nicht erschüttere. Solches Reden würde bei einem Theologen unserer Zeit kaum etwas anderes sein können als bewußte Unwahrheit, und würde auch von den Ungelehrten bald als solche erkannt werden. Wenn solche Unternehmungen einen positiven Erfolg haben, so kann es nur der sein, daß der in der Gemeinde rege Glaube in den Katholizismus zurückgeführt wird. Dann werden freilich evangelische Christen beruhigt, aber um den Preis, daß sie im Wesentlichen katholisch gemacht werden. Denn ein Glaube, der sich gegen die Wahrheit verhärtet und den Kampf mit der Forschung nach der Wahrheit aufnimmt, ist katholischer Glaube. Er wird immer die Frucht des Strebens sein, die Bibel als das Gesetzbuch religiöser Lehre vor der historischen Forschung zu retten. Deshalb hat in den wilden Gewässern, die in dieser Krisis über die evangelische Kirche gehen, Rom seine Netze ausgespannt. Wir dürfen aber hoffen, daß die Fangzeit schon vorüber ist.

Neben jenem Trotz, der zu katholischem Glauben ausreifen muß, ist noch eine andere Kraftäußerung unseres Glaubens möglich. Er kann sich darauf besinnen und besinnt sich, Gott sei Dank, darauf, daß er jene Vorstellung von der Bibel als einem Gesetzbuch religiöser Lehre aus dem römischen Bereiche mitgebracht hat, in dem seine Wiege stand. Dann muß sich ihm die Frage aufdrängen, ob es seine Sache sei, für ein solches Palladium zu kämpfen, und zwar gegen das, was doch mit seinem eigentümlichsten Triebe verwandt ist, gegen die Forschung nach der Wahrheit. Sowie aber unser Glaube sich diese Frage vornimmt, geht es bald weiter zu der Erkenntnis, daß jene ererbte Verstellung überhaupt nicht zu evangelischem, sondern zu katholischem Glauben paßt. Dann lohnt es sich nicht, für sie zu kämpfen. Es muß vielmehr unser Glaube selbst sie mit fester Hand ausscheiden und das an ihre Stelle setzen, was längst im Stillen ihm als wahrer Halt gedient hat. Daß die Zeit dazu gekommen ist, ist mit Händen zu greifen. Denn solche Szenen der Ratlosigkeit und Verwirrung, wie sie die kirchlichen Versammlungen mit ihren Verhandlungen über die Inspirationslehre gezeigt haben, wird die evangelische Kirche nicht lange ertragen.

Das katholische Christentum bedarf der Vorstellung, daß die Bibel das Gesetzbuch religiöser Lehre sei. Denn es legt der gehorsamen Unterwerfung unter schwer glaubliche Sätze einen verdienstlichen Wert bei und den von Gott stammenden Lehren selbst eine geheimnisvolle Erlösungskraft. Ob und in welchem Umfange dabei nötig sei, daß man sich die Lehre zu persönlicher Überzeugung aneigne, wird absichtlich unklar gelassen. Denn das klare Dringen auf persönliche Überzeugung muß notwendig dazu führen, daß die Unantastbarkeit des Lehrgesetzes und die Gehorsamspflicht ins Schwanken kommt. Dagegen wird konsequent der Gedanke fortgesetzt, daß die Autorität des Lehrgesetzes sicher sein müsse. Diesem Zwecke dient die Annahme einer autoritativen

Übersetzung und Ausgabe der h. Schrift, schließlich eines unfehlbaren Auslegers. Ohne diese Requisite läßt sich auch wirklich die Autorität des Lehrgesetzes schwer behaupten. Denn das wichtigste bei einer solchen Autorität ist doch, daß sie überhaupt praktisch anwendbar ist. Das wird ihr aber erst durch jene Mittel gesichert. Der Protestantismus hat eine solche Sicherung niemals in annähernd gleicher Weise erreicht. Vollends jetzt nach der Entkräftung der orthodoxen Inspirationslehre ist keine Spur mehr davon vorhanden.

Aber der evangelische Glaube hat überhaupt von vornherein zu dem Lehrgesetz, das auch für ihn bestehenblieb, eine andere Stellung eingenommen als der katholische. Die gehorsame Anerkennung des Unverstandenen galt ihm nicht als verdienstlich. Für ihn bestand vielmehr die Forderung, daß die von Gott gegebene, durch die h. Schrift dargereichte Lehre zu persönlicher Überzeugung angeeignet werde. Nicht in dem verdienstlichen Akte des Glaubens, sondern in dem zu persönlicher Überzeugung gewordenen Inhalt der Lehre sollte das Heil liegen. Aber dieses Dringen auf persönliche Überzeugung hat auch von Anfang an die Autorität des Lehrgesetzes untergraben und hat unvermerkt an seine Stelle etwas Anderes geschoben, was in der Tat eine Zeit lang als der Ausdruck der persönlichen Überzeugung derer gelten konnte, die in den Reformationskirchen aufwuchsen, das kirchliche Bekenntnis. In diesem Hergang hat die Eigenart des evangelischen Glaubens den Zwang besiegt, der ihr durch das katholische Erbe angetan war. Für einen Glauben, der persönliche Überzeugung sein soll, ist es nämlich ein unerträglicher Zwang, wenn er irgendeinem Lehrgesetz unbedingt gehorchen soll. Will der Glaube nichts anderes sein als blinder Gehorsam, der gerade um so verdienstlicher sein soll, je fremder ihm der Inhalt des Lehrgesetzes ist, dann wird er allerdings nach einer möglichst praktischen und scharfen Anwendung dieses Gesetzes verlangen, wie dies jeder ernste katholische Glaube tut. Ist dagegen der Glaube Gesinnung eines Menschen, der innerlich von der Wahrheit überwunden ist, so wird er notwendig gleichgültig gegen ein Lehrgesetz, das ihn äußerlich binden will. Wohl wird gerade ein solcher Glaube in der h. Schrift tatsächlich das Zeugnis eines Lebens finden, das unermeßlich reicher ist als das seine. Er wird deshalb vor manchen biblischen Dingen, die ihm fremd geblieben sind, mit Ehrfurcht stehen bleiben; aber folgen kann er nur dem, was ihn innerlich überwindet. Auch in dem Zeitalter der Orthodoxie war die Regung des Glaubens nicht in dem dogmatischen Verfahren, das dem Gehorsam Folge geben sollte, sondern in der Freude an dem durch Gott befreiten Leben, das die h. Schrift dem Glauben zeigt.

Aber der evangelische Glaube, der sich in solcher Weise von Anfang an der äußerlich bindenden Autorität erwehrt hat, kann der Autorität ebensowenig entbehren, wie der katholische Glaube. Denn wie dieser will auch er Gehorsam sein. Dann entsteht aber die Frage, wie das möglich sein soll, bei einem Glauben, der persönliche Überzeugung oder Gesinnung ist. Der unbedingte Gehorsam gegen ein Gesetz religiöser Lehre verträgt sich mit der Eigenart eines solchen Glaubens nicht. Es scheint aber, als ob sich überhaupt kein anderer Gehorsam damit vertrüge, als der gegen das sittliche Gesetz. In diesem sieht jeder, der es überhaupt versteht, den Ausdruck seines eigenen Willens. Deshalb ist der sittliche Gehorsam immer mit der Überzeugung von der Notwendigkeit des Gesetzes verbunden. Wenn also von dem religiösen Gehorsam das Gleiche gelten soll, so muß er, wie es scheint, eine besondere Form des sittlichen Gehorsams sein. Die Vorstellungen, denen er sich unterwirft, werden in persönlicher

Überzeugung angeeignet werden können, wenn ihr Zusammenhang mit der sittlichen Forderung eingesehen werden kann. Derselbe Gehorsam, der dem sittlichen Gesetze gilt, erstreckt sich auf die Gedanken von Gott und der göttlichen Weltordnung, wenn es einleuchtet, daß nur unter der Voraussetzung der Wahrheit dieser Gedanken das Gute wirklich werden kann. Dann ruht die Religion auf der sittlichen Gesinnung; der religiöse Gehorsam ist die volle Betätigung des sittlichen. Das ist der Gedanke der Aufklärung, die in *Kant* und *Fichte* gipfelt. Denselben Weg schlägt noch immer der Idealismus der Jugend ein; und daß auch reife Männer, die sich zur Kirche freundlich stellen, noch immer in solchen Gedanken den eigentlichen Kern des Christentums finden, davon haben uns *Moltke's* Trostgedanken vor Kurzem ein merkwürdiges Beispiel gegeben. Schon aus diesem Grunde wäre es falsch, wenn wir es kurzweg als Irrtum bei Seite werfen wollten. Dieser Weg ist für viele unter uns ein unentbehrlicher Durchgang zu christlichem Glauben. Die moralische Begründung der Religion ist aber auch deshalb von großem Interesse, weil sich in ihr die Macht des christlichen Glaubens ebenso zeigt, wie die erfolgreiche Erziehung des religiösen Denkens durch die Orthodoxie.

Es ist doch wahr, daß wir Gott nicht haben können, ohne seinem Gesetz zu gehorchen. Es ist doch wahrlich eine Erkenntnis christlichen Glaubens, daß der Mensch, je aufrichtiger sein Gewissensernst ist, um so ratloser werden wird, wenn er ohne Gott in der Welt ist. Wir Christen erleben es auch, daß die mutige Überzeugung von der Wahrheit dessen, was über alle Vernunft geht, an die klare Erkenntnis geknüpft ist, daß allein das sittlich Gute uns ein Jenseits im Ewigen eröffnet. Nur die, die da hungert und dürstet nach der Gerechtigkeit, sollen satt werden. Das alles erklingt mit, wenn die großen Aufklärer von der Religion reden. Davon sind auch ihre Epigonen ergriffen, wenn sie aufrichtig sind. Es kann aber leicht sein, daß ein Mensch, den diese Gedanken gefesselt haben, durch sie zu dem lebendigen Gott gezogen wird. Auf jeden Fall hat er an ihnen selbst etwas lebendiges, während ein anderer, der in dem katholischen Gehorsam aus der h. Schrift viel reichere Schätze religiöser Erkenntnis entnimmt, daran allein doch nur eine tote Last hat.

Aber ebenso deutlich ist bei dieser moralischen Begründung der Religion durch die Aufklärer, daß sie sich, was das Verständnis der Religion betrifft, doch schließlich in demselben Geleise bewegt, wie die Orthodoxie, gegen die sie sich richtet. Denn auf beiden Seiten liegt der Irrtum vor, daß der Erwerb allgemeiner Gedanken von Gott, die man als wahr erkennt oder als wahr annimmt, die Religion herstelle. Daß man alsdann auf diese Gedanken sein Vertrauen setzen müsse, wird bei beiden Richtungen als selbstverständlich angenommen, bessert aber an dem zu Grunde liegenden Irrtum gar nichts. Dieser Irrtum tritt vielmehr gerade darin zutage, daß man das Vertrauen auf solche Gedanken für möglich hält. Unsere Gegner sollten doch nicht meinen, daß sie uns widerlegen, wenn sie auf die bekannte Tatsache weisen, daß in der üblichen Lehre der evangelischen Orthodoxie an den *assensus* die *fiducia* geknüpft wird. Gerade auf diese Tatsache berufen wir uns. Bei der Religion des sittlichen Idealismus haben die Gedanken, auf die sie sich verlassen will, insofern die *Art des* evangelischen Glaubens, als sie die Lebensformen persönlicher Überzeugung sind. Bei einer Religion, die sich nach der orthodoxen Vorschrift wirklich auf der Grundlage eines katholischen Gehorsams gegen die Bibel aufbaut, werden die Gedanken über Gott sich vielfach mit dem *Inhalt* evangelischen Glaubens decken. Gemeinsam aber ist beiden Richtungen, daß der Wert der religiösen Gedanken für die Religion überschätzt wird. Gewiß kommt ohne sie Religion nicht zu Stande. Aber daß ihr Haften im Gemüt die Religion begründe, ist nicht wahr. Es ist hierfür gleichgültig, ob die Gedanken von Gott und göttlichen Dingen im Gewissen wurzeln oder durch den Gehorsam gegen die Autorität des Lehrgesetzes festgehalten werden. Auf jeden Fall ist man dadurch noch nicht fromm, daß man sich auf die eine oder die andere Weise solcher Gedanken bemächtigt. Sondern fromm ist nur der Mensch, der durch die Offenbarung Gottes zu einem Verkehr mit Gott erhoben ist, der also aus der Offenbarung merkt, daß sich Gott um ihn kümmert und aus ihr den Mut schöpft, bei Gott die Teilnahme zu suchen, die ihm Ruhe gibt. Nach dem Grundsatz der Orthodoxie war die Offenbarung die h. Schrift selbst, die die religiösen Gedanken mit göttlicher Autorität darreicht. Nach dem Grundsatz der Aufklärer war die Offenbarung die Vernunft selbst, aus der die religiösen Gedanken hervorgehen. Aber für die wirklich Frommen in beiden Richtungen ist doch die Offenbarung notwendig die Tatsache gewesen, an der ihnen das Eingreifen Gottes in ihr eigenes Leben klar wurde, und die von da an ihr Denken und Handeln bestimmte. Als solche Tatsache kann ein Mensch auch das nennen, daß ihm die h. Schrift zugeführt wurde oder daß ihm die nach oben tragende Kraft der sittlichen Gedanken zum Bewußtsein kam. Von solchen Tatsachen kann er den Eindruck gewinnen, daß Gott sich auch mit ihm befaßt, und damit erst hat er Religion. Dagegen eine Summe religiöser Gedanken, wie immer sie gegeben sein möge, Offenbarung zu nennen, ist ein Mißgriff, weil sie ein Verhältnis des Einzelnen zu Gott selbst nicht herstellt. Das kann ohne Zweifel nur eine Tatsache bewirken, die der Einzelne selbst als ein entscheidendes Ereignis erlebt hat. Daß dies allein, wodurch sich der

Mensch vor die Wirklichkeit Gottes gestellt weiß, Offenbarung zu heißen verdient, darin dürften jetzt alle, die überhaupt auf die Frage eingehen und nicht Rationalisten sein wollen, einig sein.

Wenn dem nun so ist, so können wir an dieser Stelle von einer weiteren Auseinandersetzung mit dem Rationalismus absehen. Was gegen ihn zu sagen ist[2], trifft auch den Standpunkt der Orthodoxie. Denn die nach orthodoxer Vorschrift der Bibel entnommenen Gedanken gehören in dieser Form ebensowenig zu dem wirklichen Leben der Religion wie die durch den rationalistischen Beweis gewonnenen. Überdies pflegt das Bestreben, aus dem Standpunkt der Orthodoxie zu persönlicher Überzeugung zu gelangen, in Rationalismus zu endigen. Man sucht dann vermittelst einer veralteten Philosophie die Wirklichkeit Gottes und vermittelst historischer Beweise die Wirklichkeit der geschichtlichen Grundlage des Glaubens zu sichern. Ein Glaube aber, der aus solchen Gründen seine Kraft zieht, hat die eigentümliche Art des christlichen Glaubens abgelegt. Wenn man ihm auf den Grund sieht, so stößt man auf die Weisheit, die der Mensch aus sich zu erzeugen vermag, nicht aber auf die Offenbarung, die den Menschen in einen neuen geistigen Bereich erhebt. Wir behaupten nun, diese wunderbare Offenbarung sei für den Christen die geschichtliche Erscheinung Jesu. Man sollte meinen, für einen evangelischen Christen müßte das selbstverständlich sein. Trotzdem sind wir darin nicht einig. Zum Teil liegt das daran, daß in dem Satze „der geschichtliche Christus der Grund unseres Glaubens" Unklarheiten liegen, die, wenn sie bestehen bleiben, einige von der Zustimmung abhalten und

---

2   Vergl. meine Schrift: »Warum bedarf unser Glaube geschichtlicher Tatsachen?« 2. Aufl. Halle 1892.

andere verleiten, ihn in einem Sinne zu nehmen, der im Grunde wieder auf die katholische Stellung mit all ihrem Menschenwerk hinauskommt.

Jener Satz kann dahin verstanden werden, daß die Anschauung des geschichtlichen Christus das Mittel sei, um einen Menschen der Befangenheit durch die Welt zu entreißen und ihn dahin zu bringen, daß er Gottes inne wird. Dann ist der Satz mißverständlich und leistet nicht, was er leisten soll. Erstens wirken zu diesem Zwecke viele Mittel zusammen. Viele Christen werden von sich bekennen müssen, daß damals, als sie zum Glauben erweckt wurden, es keineswegs eine klare Anschauung von der Person Jesu war, was sie erneuerte. Es waren das vielmehr die vielgestaltigen Äußerungen christlichen Lebens um sie her. Was einen Menschen als Person heben kann, das ist lediglich der Einfluß einer Person, die in irgendeiner Beziehung sittlich reifer und stärker ist, als er selbst und die sich liebevoll mit ihm befaßt. Deshalb sind den Personen, die den Zugang zu Gott gefunden haben, die Schlüssel des Himmelreiches gegeben. Ohne die Anschauung davon, wie das Herz eines andern in der Furcht Gottes fest und still wird, wird niemand gläubig werden. Das sollen wir aber in der christlichen Gemeinde an Menschen unserer unmittelbaren Umgebung anschauen, bevor wir imstande sind, Jesus Christus zu verstehen. Es ist daher wohl erklärlich, daß manche, gestützt auf solche Erfahrung, unsern Satz ablehnen. Aber ein Mißverständnis ist es doch. Wenn wir Jesus Christus den Grund unseres Glaubens nennen, so reden wir nicht davon wie der Glaube entsteht, sondern wie er besteht. Wir verkennen nicht, daß es eine Anfangsstufe des Glaubens gibt, bei der nicht die Anschauung der Person Jesu selbst, sondern die Zeugnisse des von ihm ausgegangenen Geistes den Menschen emportragen. Aber Bestand kann ein solcher

Glaube nur dann haben, wenn er schließlich doch zu der Erkenntnis kommt, daß der unzerstörbare Grund seiner Zuversicht die Wirklichkeit der Person Jesu ist. Denn für jeden zum Glauben Erweckten kommt, auch abgesehen von schweren Übertretungen, durch die Vertiefung des inneren Lebens die Anfechtung, wo er erfahren muß, daß die Menschen, die ihm bisher geholfen hatten, ihm keinen Halt mehr geben können. Wenn er sich dann in der Welt verlassen fühlt, so kann die Tatsache, daß Jesus Christus in derselben Welt wirklich ist, die Sünde in ihm entkräften und die Mutlosigkeit überwinden. So wird ihm als der wahre Grund des selbständig werdenden, in der Anfechtung sich bewährenden Glaubens Jesus Christus klar. Bei aller Dankbarkeit gegen die Menschen, auf deren Hilfe wir angewiesen bleiben, werden wir es dann doch empfinden, daß Christus uns von den Menschen frei macht.

Zweitens soll zwar gewiß nicht geleugnet werden, daß die Verkündigung von Christus das vornehmste Mittel der Gläubigen ist, um andere für Gott zu gewinnen. Denn an dem, was der Glaube von Christus zu sagen weiß, wird von andern das neue Leben und die Kraft, die in ihm wirkt, empfunden. Eine solche Verkündigung kann deshalb Glauben wecken, wie überhaupt nur durch die zeugende Kraft der Persönlichkeit persönliches Leben entstehen kann. Aber keineswegs tritt in ihr das, was dem erweckten Glauben zum letzten Halt seiner Gewißheit wird, klar zu Tage. Nicht der geschichtliche Christus, in dem jeder einzelne den letzten Grund seines Glaubens finden soll, wird verkündigt, sondern Christus wie er Inhalt und Gegenstand des Glaubens ist. Wenn die Verkündigung lediglich das, was den letzten Halt des Glaubens bilden soll, darbieten wollte, so würde das den Eindruck machen, als sollte der Glaube aus möglichst einfachen und unzweifelhaften Elementen durch menschliche Kunst zusammengesetzt werden. Ein solcher Versuch aber würde kein Leben wecken, sondern würde vielmehr das vielleicht schon vorhandene Verständnis für die wunderbare Art des Glaubens zerstören. Christus soll so verkündigt werden, wie er dem Glauben erscheint. Denn das, was er für den Glauben wird, gehört mit zu dem Besitz, durch den Christi Person sich die Menschen gewinnt. Es ist deshalb von großem Wert, der folgenden Äußerung von Kähler[3] zu begegnen, die auf meine Ausführungen Bezug nimmt: „Wenn man neuerdings lehrt, der christliche Glaube sei ein Überwältigtwerden von Christo in seinem an uns herantretenden Bilde, so scheint mir diese Bestimmung zutreffend, wenn es sich um den letzten entscheidenden und zureichenden Beweggrund für Glauben und Gläubigkeit handelt. Nur halte ich die Beschreibung nicht für zureichend, wenn sie auch die Entstehung und Vermittlung dieses Glaubens umfassen soll; und ich halte sie so lange für unbestimmt, als dieses Bild selbst nicht klarer bezeichnet ist. Denn es ist nur eben das Bild des im Glauben Erfaßten, es ist das aus und in Glauben gepredigte Bild Christi, welches diese Wirkung ausübt; eben darum nie und nirgend das Bild einer auffallenden Menschengestalt, sondern jenes Bild, welches in sich und wäre es auch nur in erhobenem Anspruche, ein Dogma, ein Glaubensbekenntnis trägt. Es bietet sich nämlich als die Gestalt des Herrn, des Weltheilandes dar, des Erlösers von Schuld und Sünde, des offenbaren Gottes. Nicht nur sachlich, nein ausdrücklich kommt dieses Bild an einen jeden mit dem Entweder-Oder: Eckstein oder Fels des Ärgernisses (1. Petr. 2,6.7)". Diesen Worten stimme ich zu, auch in dem, was sie an der ersten Auflage meines Buches „Der Verkehr des

---

[3] In der wichtigen Schrift »Der sogenannte historische Jesus und der geschichtliche, biblische Christus«. Leipzig 1892. Vergl. S. 29.

Christen mit Gott" beanstanden, daß nämlich dort das Bild, in welchem der Glaube den letzten Grund seiner Gewißheit erkennt, nicht klar genug bezeichnet sei. Ich hoffe, daß Kähler diesen Fehler in der zweiten Auflage beseitigt finden wird. Dagegen glaube ich schon bisher keinen Zweifel darüber gelassen zu haben, daß ich den Unterschied zwischen dem Christus, der Grund des Glaubens ist, und dem, der Inhalt des Glaubens und der Verkündigung ist, beachte. Auch dies, daß Christus als Grund des Glaubens einen Anspruch in sich trage, der über alles Menschenmaß hinausgeht und einfach wunderbar ist, habe ich natürlich selbst betont[4]. Richtig ist auch Kählers Bemerkung (a. a. O. S. 36), daß die neutestamentlichen Berichte von Christus durchaus den Charakter bekennender Verkündigung tragen, und daß wir dessen grade bedürfen, um von den besitzenden Brüdern auf die rechte Bahn gewiesen zu werden, nicht aber zu dem Zweck, daß wir mit einem Opfer unsers Urteils uns ihren Versicherungen unterwerfen und für diese Leistung erwarten, nun auch zu erleben, was sie aussagen. Die letztere Bemerkung Kählers hat mich besonders erfreut. Denn sie zeigt mir, daß er auch empfindet, wie nötig es ist, dies denen einzuschärfen, die in unsern Tagen Christen sein wollen, wenn man auch darauf gefaßt sein muß, wenig Dank dafür zu ernten. Kähler hat nun in dieser Schrift keinen Anlaß gehabt, weiter auf die auch von ihm anerkannte Unterscheidung einzugehen, daß nämlich unterschieden werden müsse, was sich für den Glauben als sein letzter Halt herausstellt, und was als Inhalt des in seiner Kraft stehenden Glaubens in der Verkündigung laut wird und Glauben weckend auf andere wirkt. Um so mehr

---

4 Für beides kann ich mich auf meinen Aufsatz im »Beweis des Glaubens« Jahrg. 1890 S. 81 ff. berufen.

wollen wir das tun. Denn daß es Gefahr bringt, wenn diese Unterscheidung nicht streng durchgeführt wird, ist eben auch bei Kähler zu sehen.

Kähler sagt, die christliche Verkündigung solle als das Zeugnis besitzender Brüder andere auf die rechte Bahn bringen. Wenn sie das aber soll, so darf sie diese anderen nicht in den Wahn verstricken, daß das Nachsprechen ihnen helfen könne. Das wird aber unvermeidlich eintreten, wenn lediglich die hohen Dinge, die der Glaube von Christus zu sagen weiß, auf die Menschen eindringen. Es ist wahr, daß in dem Zeugnis der Jünger von Christus die Erinnerung an das tatsächliche Geschehene mit dem Glaubensbekenntnis so verbunden ist, daß der Historiker die Scheidung von beidem kaum zustande bringen wird. Trotzdem ist es nicht richtig, nun dieses so zusammengewobene Christusbild des Neuen Testaments den geschichtlichen Christus zu nennen, wie Kähler doch schließlich tut. Wie mir scheint, ist es dann nicht möglich, daß sich der Glaube zu selbständiger Gewißheit durchringt. Es wird freilich auch dann geschehen können, daß der Gesamteindruck eines lebensvollen Zeugnisses den Hörer fortreißt und ihn in dieselbe Vorstellungsweise und Stimmung versetzt. Aber ich sehe nicht ein, wie dann der Irrtum abgewehrt werden soll, der Mensch könne sich dadurch helfen, daß er sich mit einem Opfer seines Urteils den Versicherungen der Gläubigen unterwirft. Es ist durchaus richtig, daß immer nur das volle unbefangene Zeugnis des Glaubens Glauben erwecken wird. Aber ebenso richtig ist, daß in der Verkündigung das faßbar sein muß, was den Glauben selbständig macht, indem es ihm als der unzerstörbare Halt seiner Gewißheit klar wird. Wird es uns verwehrt oder wird es für unmöglich erklärt, dies auszusondern, was uns als der zweifellose Grund des Glaubens immer sichtbar bleiben kann, dann wäre es freilich unvermeidlich, daß wir die Überlieferungen und Lehren von Christus, die in der Form einer lebensvollen Predigt Glauben in uns geweckt haben, nun auch als Grund unseres Glaubens annehmen müßten. Es ist aber eben nicht so, daß wir den Inhalt einer persönlichen Überzeugung, die belebend auf uns gewirkt hat, nun auch uns selbst ganz und gar anzueignen vermöchten.

Die Förderung, die uns dabei zu Teil wird, findet ganz anders statt. Wir müssen von dem andern, der durch die undefinierbare Macht des Geistes uns zu sich emporzieht, zugleich die Richtung auf das empfangen, was seiner eigenen persönlichen Überzeugung den sicheren Halt und die Selbständigkeit gibt. Wird das bei der christlichen Verkündigung außer acht gelassen, so kann uns die Anerkennung des Satzes, daß der geschichtliche Christus der Grund unsers Glaubens sei, nicht davor schützen, daß wir in katholisches Wesen geraten. Dieser Gefahr scheint mir in *Kählers* Ausführungen nicht vorgebeugt zu sein. Ich entnehme aus ihnen ein Doppeltes. Erstens: Der im Glauben erfaßte und aus Glauben verkündigte Christus ist es, der ein neues Leben in uns entstehen läßt. Das ist richtig, sofern schließlich alle Mittel, die innerhalb der christlichen Gemeinde zur Erneuerung wirken, auf Christus zurückweisen und zu ihrer vollen Wirksamkeit erst gelangen, wenn sie zur Verkündigung des Glaubens an ihn zusammengefaßt werden. Zweitens: Eben dieser Christus, wie ihn der Glaube in seiner Fülle schaut, der auferstandene und erhöhte, ist der letzte Halt und Grund unseres Glaubens. Das ist nicht richtig. Denn der um seine Existenz kämpfende Glaube muß etwas haben, was ihm als etwas Wirkliches sichtbar bleibt und ihn hält in den Momenten, wo er zum Letzten greifen muß. Diesen Dienst kann ihm Christus in dem Glanze der Herrlichkeit, die der durch ihn erlöste Mensch sehen lernt, nicht leisten. Denn das als etwas Wirkliches sehen, heißt eben, in der Kraft des Glaubens stehen. Das ist Inhalt des Glaubens, aber nicht sein letzter Grund. Wenn wir es als solchen gebrauchen, so werden wir doch wieder dazu verleitet, etwas äußerlich anzunehmen, was uns innerlich fremd ist. Das ist aber katholischer Glaube, der schließlich doch nur bestehen kann, wenn ihn der Apparat der katholischen Kirche umgibt. Ein Glaube, der dieses Apparates soll entraten können, darf es sich nicht so leichtmachen, wenn er nach seinem letzten Grunde fragt.

Wir sehen also, daß das, was der geschichtliche Christus allein dem Glauben leisten kann, überhaupt noch nicht erfaßt wird, wenn lediglich davon die Rede ist, wie der Glaube erweckt werde. Denn erstens kommen für diesen Zweck noch andere Mittel in Betracht als die Verkündigung der Person Christi; und zweitens gewährt uns der aus Glauben verkündigte Christus an sich das noch nicht, was uns allein der geschichtliche Christus gewähren kann, die klare Anschauung des letzten Grundes für den Glauben. Wir bedürfen aber dieser Anschauung, wenn unser Glaube die evangelische Art gewinnen, zur Gewißheit sich durchringen und in der Anfechtung überwinden soll.

Wenn wir nun dessen nicht entbehren können, so fragt sich, wie wir den geschichtlichen Christus, der der letzte Grund unsers Glaubens sein soll, erfassen. Mit großer Schärfe hat *Kähler* nachgewiesen, daß ein geschichtlicher Christus, der nicht in der neutestamentlichen Verkündigung ergriffen, sondern hinter ihr gesucht wird, für den Glauben überhaupt nicht in Betracht kommen kann. Was nur für die Gelehrten vorhanden ist, was historisches Problem ist und mit vieler Mühe nur wahrscheinlich gemacht werden kann, hat nicht die Gewalt, den Glauben zu erwecken oder zu begründen.

Dem ersteren Zweck dient die Verkündigung von Propheten, aber nicht die Arbeit von Historikern des Lebens Jesu und von Kritikern der Überlieferung. Dem zweiten Zweck kann offenbar nur das dienen, was einen Menschen, in dem ein ernstes Verlangen nach Gott erweckt ist, als etwas zweifellos Wirkliches packen kann. Den großen Wert, der jener historischen Arbeit trotzdem bleibt, scheint mir *Kähler* freilich zu unterschätzen. Er hebt ihn wenigstens nicht hervor. Es bleibt ihr erstens der Wert, daß sie, richtig gebraucht, dem Glauben falsche Stützen hinwegnimmt. Sie tut dies, indem sie, wie *Kähler* ausführt, evident macht, daß die neutestamentliche Überlieferung das Leben Jesu ebenso verschleiert wie offenbart und die Mittel zu einer wissenschaftlich gesicherten Biographie Jesu nicht hergibt. Wer also zur Sicherung seines Glaubens einer solchen zu bedürfen meint oder auch auf die historischen Beweise für einzelnes, wie die Tatsache der Auferweckung Jesu, sich verläßt, den kann die historische Arbeit davon überführen, daß er seinen Glauben dem erschlaffenden Einfluß von Gründen überlassen hat, die nur bei der nachsichtigsten Schonung Bestand behalten können. Das ist aber keine geringe Hilfe. Denn daran kann sich alsdann die Erkenntnis anknüpfen, daß solche Gründe in das innere Leben des Glaubens überhaupt nicht passen. Zweitens kann die historische Arbeit doch auch zu Resultaten führen, die der Glaube, der sich an der Überlieferung nährt, nicht unbeachtet lassen kann. Es kann mir nicht gleichgültig sein, wenn eine verständige Kritik der Quellen mir nachweist, wo ein Wort Jesu durch das Mißverstehen des Berichterstatters verdunkelt wird, oder in welchem der parallelen Berichte die ursprünglichere Form der Überlieferung zu erkennen ist. Es ist auch die Möglichkeit nicht ausgeschlossen, daß solche Ergebnisse mit der Zeit zu der Evidenz gelangen, die sie für die Gemeinde nutzbar macht. Aber abgesehen davon, ist es allerdings richtig, daß die historische Arbeit das Leben des Glaubens nicht berührt. Sie kann auf jeden Fall das, was ihn erweckt und begründet, weder herstellen noch hinwegnehmen.

Es ist sehr dankenswert, daß *Kähler* mit dieser Ausführung den Übergriffen der Geschichtsforschung entgegengetreten ist. Aber es wäre sehr zu wünschen, daß alle, die ihn dafür loben werden, daß er der Überschätzung der historischen Arbeit in der Theologie steuert, sich auch vollständig klarmachen möchten, was sich aus der von ihm aufgedeckten Sachlage ergibt. Ein hinter der neutestamentlichen Überlieferung hervorgeholter Christus kann den Glauben nicht begründen. Aber der Christus, den diese Überlieferung selbst darbietet, kann doch nun auch nicht den Grund des Glaubens abgeben. Er ist Inhalt des Glaubensbekenntnisses und eben deshalb ist er nicht das, worauf gegründet der Glaube zu einem solchen Bekenntnis erwachsen kann. Wenn uns das Recht dieser Sätze einleuchtet, so befinden wir uns offenbar in einer recht schwierigen Lage. Denn dann scheint uns nichts weiter übrig zu bleiben, als der Verzicht darauf, in geschichtlichen Tatsachen das zu suchen, was in den Schwankungen unseres innern Lebens uns als Gottes Offenbarung tragen soll. Eine Frömmigkeit, die diesen Verzicht leistet, ist rationalistisch. Aber wir haben gesehen, daß alle wahrhaftige Frömmigkeit über den Rationalismus hinauswächst. Denn sie lebt nicht von allgemeinen Gedanken, deren Wahrheit uns einleuchtet, sondern immer von der Offenbarung, die als ein Ereignis in das Leben des Einzelnen eingreift. Wir Christen aber wissen, daß diese Offenbarung durch das Zeugnis des Glaubens von Christus an uns herankommt, und daß Christus selbst für jeden von uns die Offenbarung werden soll, die uns dessen gewiß macht, daß Gott lebt und sich unser annimmt.

Ist uns so der Weg des Rationalismus verschlossen, so müssen wir doch wieder sehen, wie wir Jesus Christus als die in der Geschichte wirkliche Tatsache erfassen können, die uns von Gottes Wirken an uns überzeugt, und die uns nicht wieder entrissen werden kann. Diese Tatsache darf nicht erst durch historische Kunst aus der neutestamentlichen Überlieferung erschlossen werden sollen. Sie muß vielmehr für Jeden, der in dem Verkehr mit frommen Menschen zu einem Verlangen nach Gott aufgewacht ist, in dieser Überlieferung selbst faßbar sein. Nur wenn das von der geschichtlichen Tatsache der Person Jesu gilt, hat sie für das Leben des Glaubens den Wert, den wir in ihr suchen. Nun wird aber im Neuen Testament Christus so verkündigt, wie er dem Glauben erscheint. Folglich kann uns diese Verkündigung, wenn wir uns ihr überlassen, allein nicht gegen den Zweifel schützen, daß wir unsern Glauben auf etwas gründen wollen, was vielleicht gar nicht geschichtliche Tatsache, sondern Erzeugnis des Glaubens ist.

Das Nächstliegende ist, diesem Zweifel in doppelter Weise zu begegnen. Wir können uns erstens sagen, daß der gewaltige Glaube, der aus dem Neuen Testament zu uns redet, nicht danach aussieht, als ob er aus Illusionen entstanden sei. Er müsse das Werk des übermächtigen Eindrucks sein, den die Person Jesu auf Menschen seiner Umgebung gemacht hatte, so daß diese Menschen genötigt wurden, so über ihn zu denken, wie die neutestamentlichen Schriften bezeugen. Ich leugne gewiß nicht, daß es Momente geben kann, in denen uns diese Erwägung den Zweifel verscheucht. Jeder Christ wird das erleben, wenn er nur überhaupt in einem regen Verkehr mit der h. Schrift bleibt. Aber die theologische Frage ist damit doch nicht erledigt. In jedem Moment, der uns auf solche Weise von der geschichtlichen Tatsache der Person Jesu überzeugt werden läßt, sind wir innerlich erfaßt und gehoben durch das Glaubenszeugnis der Jünger. Wir erleben dabei, wie durch die Predigt der Glaube bei uns entsteht. Aber dieser Glaube, wenn er Bestand haben und zu voller Gewißheit kommen soll, bedarf dessen, daß er sich aus dem, was er erlebt hat, etwas aussondert, was ihn gegenwärtig bleibt, nicht nur in den Momenten religiöser Erhebung, sondern auch in tiefster Ermattung der Seele. Es fragt sich, ob und wie uns das möglich ist. Zweitens können wir uns sagen, das biblische Bild Jesu sei so lebenswahr und gerade in seinen verschiedenen Gestaltungen so übereinstimmend, daß es nicht erfunden werden konnte. So wird in der Tat jeder urteilen, der die befreiende Kraft der Verkündigung von Christus an sich erfahren hat. Aber niemand wird behaupten wollen, daß mit jenem Urteil alles gedeckt wird, was uns im Neuen Testament als Wort, Tat und Erlebnis Jesu berichtet ist. Überdies ist leicht zu sehen, weshalb auf diese Weise das, was uns zwingt, auf Christus als auf eine zweifellose geschichtliche Tatsache zu bauen, noch nicht ausgedrückt sein kann. Ein solches ästhetisches Urteil mag wohl hinreichen, um uns die geschichtliche Wirklichkeit eines Menschen festzustellen, dessen Existenz keine entscheidende Bedeutung für die unsrige haben würde. So steht es aber mit dem Jesus des Neuen Testaments nicht. Denn das empfinden wir ohne Weiteres: wenn er in der Geschichte wirklich ist, dann ist er allerdings für uns entweder der Eckstein oder der Fels des Ärgernisses. In eine Wirklichkeit, die das für uns bedeuten würde, lassen wir uns durch kein ästhetisches Urteil bannen. Also wenn auch jene beiden Erwägungen in dem Denken des Glaubens ihre Stelle haben, so sind sie es doch nicht, die den Glauben sicher auf den letzten Grund seiner Gewißheit führen.

Wir können nur dann darauf geführt werden, wenn es uns wirklich darum zu tun ist, durch Christus Gott zu finden. Steht es so mit uns, daß es uns leicht und selbstverständlich zu sein scheint, an Gott zu glauben, so wird ein aufrichtiges religiöses Verlangen sich darauf richten, an zweifellosen Tatsachen die Einwirkung Gottes zu erfahren. Ist dagegen der gewohnheitsmäßige Glaube an Gott in seiner Haltlosigkeit erkannt, so wird es sich bei dem Verlangen nach Gott genau um dieselben Erfahrungen handeln; aber erst das Bewußtsein von solcher Erfahrung wird man dann Glauben nennen. Ob man zu einem gewohnheitsmäßigen Glauben an Gott disponiert ist oder nicht, hat also auf die Lage des Menschen, in dem ein ernstes religiöses Bedürfnis erwacht ist, keinen erheblichen Einfluß. Die Hauptsache bleibt in beiden Fällen dieselbe. Das Verlangen nach Gott wird doch erst dadurch gestillt, daß man an zweifellosen Tatsachen das Einwirken Gottes auf die eigene Seele erlebt. Wer nun aufrichtig danach begehrt und zugleich mit der sittlichen Erkenntnis, die Jesus Christus in die Welt gebracht hat, belastet ist, der findet den Weg. Denn ihm muß es klarwerden, daß alles das, wodurch seine sittliche Not ihm Gott verbirgt, schließlich doch nur dadurch aufgewogen wird, daß ihm die Person Jesu sichtbar wird. Der Glaube an Gott wird zerrieben in dem inneren Konflikt, der daraus entsteht, daß das sittliche Gesetz uns beansprucht, und doch, in seinem wahren Sinne als Forderung der Liebe verstanden, über unsere Kräfte geht. Aber der Glaube an Gott lebt in Siegeskraft auf, wenn wir dann sehen, daß Christus uns zwar nicht das Gesetz, wohl aber das vergebliche Bemühen, uns selbst zu Gott zu bringen, abnimmt. Er tut das, indem er durch sein Dasein uns spüren läßt, daß zu der Wirklichkeit, in der wir uns vorfinden und in der wir oft nicht aus noch ein wissen, auch die Offenbarung Gottes gehört, die uns rettet.

Aber wenn sich das mit uns ereignet, so nehmen wir unwillkürlich die Richtung auf dasjenige in Christus, was uns zwar auch durch die Überlieferung dargeboten wird, aber uns doch von der Überlieferung frei werden läßt, so daß wir alsdann sagen können: Wir haben es selbst gesehen und nicht nur von andern vernommen, was der gewisse Grund unsers Glaubens ist. Wenn wir nicht durch das Verlangen nach Gott zu Christus geführt werden, dann können wir uns vielleicht einbilden, wir müßten uns vornehmen, Berichte von Christus zu „glauben", die in Wahrheit unsere Zweifel erregen. Suchen wir dagegen bei ihm den Weg zum Vater, zu dem Gott, der uns mächtiger anfassen soll als unsere Not, und dessen Wirklichkeit gegen die Wirklichkeit der Welt aufkommen soll, dann werden wir uns sicherlich nicht mit dem befassen, was wir nur mit Anstrengung und mit geheimen Zweifeln festhalten, sondern mit dem, was uns unwidersprechlich wirklich ist. Das ist aber an Jesus das, dessen Macht uns doch schließlich durch alles, was das Neue Testament von ihm berichtet, fühlbar gemacht werden soll, sein inneres Leben[5]. Das Bild des inneren Lebens Jesu, das uns das Neue Testament darreicht, ist so beschaffen, daß es den nach Gott verlangenden Menschen festhält, und ihn davon überzeugt, daß in ihm etwas geschichtlich Wirkliches wiedergegeben sei, obgleich es aller sonstigen Erfahrung widerspricht, also im strengsten Sinne wunderbar ist. Wunderbar ist es; denn es ist uns unfaßlich, wie ein Mensch, ohne irrsinnig zu sein, sich so wie Jesus in den Mittelpunkt der Geschichte stellen und an seine Person das Schicksal der Menschheit knüpfen kann. Aber zu

---

5 .Vergl. Kähler a. a. O. S. 34: »Was wir von ihnen empfangen, ist eigentlich nur ein Charakterbild. Oder was sind die Erzählungen an sich und was sind sie uns, als Beispiele, wie er zu handeln pflegte, wie er war, wie er ist?«

einem Zeugnis des Wirklichen wird uns dieses Bild, weil es uns durch die Anschaulichkeit seiner sittlichen Größe jede Möglichkeit einer Kritik entreißt, und deshalb keinen Anhalt für die Meinung bietet, daß es von Menschen unserer Art ersonnen sei, sondern uns zur tiefsten Ehrfurcht zwingt. Ich will nicht bezweifeln, daß sich viele in die christliche Weltanschauung eingewöhnen, weil sie von ihrer Wahrheitsmacht ergriffen sind und weil sie durch eine geistig stärkere Umgebung in diese Richtung gedrängt werden. Auch das verkenne ich nicht, daß es für die Gestaltung der irdischen Verhältnisse wünschenswert und für einen Christen wohltuend ist, wenn das recht oft geschieht. Aber davon wird mich niemand überzeugen, daß ein so aus überlieferten Vorstellungen zusammengewobenes Christentum mehr sei als ein Kleid, unter dessen Hülle der Mensch sich zwar als ein unanstößiges Mitglied der irdischen Kirchengemeinschaft bewegen kann, aber in seinem Innersten bleibt, was er war. Denn wir selbst kommen dadurch in keine andere Lage, daß uns die allgemeine Wahrheit religiöser Sätze einleuchtet. Dagegen gewinnen wir das, was uns von der Welt abscheiden und über unser bisheriges Wesen erhalten [erheben] kann, wenn uns einmal das Bild des inneren Lebens Jesu zu Herzen dringt, so, daß wir in Ehrfurcht bezwungen, seine geschichtliche Wirklichkeit empfinden und das Recht seiner übermenschlichen Ansprüche zugeben mußten. Wir glauben dann um Jesu willen an Gott und haben es dann ohne Weiteres vor Augen, daß Gott eben durch die Macht dieser geschichtlichen Größe alles niederlegt, was uns von ihm trennte, und uns zu sich heraufhebt. Mit der Erfahrung, daß Gott das an uns tut, beginnt das Reich Gottes im Herzen.

Also unter dem geschichtlichen Christus verstehen wir den Christus, den uns die neutestamentliche Überlieferung als eine in ihrer geschichtlichen Wirklichkeit uns überzeugende Person erkennen läßt. Aber wir meinen deshalb nicht, daß wir alles, was in der Überlieferung von Christus berichtet und gelehrt wird, zusammenfassen und dieses Bild den geschichtlichen Christus nennen dürfen. Denn darin ist Vieles enthalten, was keineswegs die Gewalt des unleugbar Wirklichen an jedem nach Gott suchenden und die Not des Gewissens empfindenden Menschen ausüben kann. Wir verstehen aber unter dem geschichtlichen Christus auch nicht die Vorstellung von ihm, die eine historische Forschung erreichen will, indem sie zu ermitteln sucht, welche wirklichen Vorgänge der von ihr kritisierten Überlieferung zu Grunde liegen. Denn der Ertrag einer solchen Forschung wird immer äußerst gering sein und bleibt problematisch. Für das Leben des Glaubens kommt er direkt nicht in Betracht. Wir suchen hier aber den geschichtlichen Christus, der für den Christen der unzerstörbare Grund seines Glaubens ist. Darunter verstehen wir die geschichtliche Wirklichkeit Jesu, die sich als solche dem Menschen allein aufdrängt, der, ratlos in seinem Verlangen nach Gott, sich hilfesuchend an die Überlieferung wendet, aus der für andere das Leben gequollen ist, das er auch haben möchte. Ein solcher Mensch findet im Neuen Testament den geschichtlichen Christus als etwas völlig Gewisses und als den Erlöser, der ihn in die Gegenwart Gottes stellt.

Zunächst freilich drängt sich ihm etwas anderes auf, der Glaube der neutestamentlichen Zeugen, der sich in einer Fülle wunderbarer Vorstellungen bewegt. Es ist möglich, daß er sich von der erschütternden Größe dieser Erscheinung gänzlich hinnehmen läßt, und im Gehorsam gegen sie sich vornimmt, sich fortan in denselben Vorstellungen zu bewegen. Dann macht er die, die Diener sein wollen und sollen, zu Herren und wird dem nicht gehorsam, der allein sein Herr sein soll. Vor diesem falschen Gehorsam gegen Berichte und Lehren der Apostel werden wir bewahrt, wenn wir dem Gott, der uns gerufen hat, indem er das Verlangen nach ihm weckte, die Treue halten und nichts weiter suchen als ihn. Denn dann müssen wir sehen, daß nicht der Glaube der Apostel und nicht die Gedanken, die ihrem Glauben gegeben waren, uns das verschaffen können, worauf schließlich alles ankommt, die Gewißheit, daß Gott in einer Tatsache, die sich uns übermächtig aufdrängt, mit uns verkehrt, wie mit ihnen. Wer daran festhält, daß er das allein haben will, wird in dem Christus, den ihm das Neue Testament zeigt, das finden, was er sucht. Denn gerade dann, wenn er entschlossen alles bei Seite läßt, was ihm nicht als zweifellose Tatsache erscheint, muß ihm das übrigbleiben und in seiner Kraft und Bedeutung klarwerden, was ihm kein Zweifel hinwegschaffen kann. Das ist das Bild des inneren Lebens Jesu, das trotz des wunderbaren Anspruchs, den dieser Jesus erhebt, sich als ein Zeugnis des geschichtlich Wirklichen an allen erweist, die sich in Ehrfurcht vor ihm beugen müssen. Dies nennen wir den geschichtlichen Christus. Nicht die historische Forschung findet ihn, sondern der in der Geschichte nach dem ewigen Leben ringende Mensch.

Hat aber ein solcher an der Tatsache des persönlichen Lebens Jesu erlebt, daß sie ihn erlöst, weil sie ihm Gottes Eingreifen in sein eigenes Leben unwidersprechlich gewiß macht, so hat er damit zugleich die Autorität gesunden, der er sich unbedingt unterwerfen muß und kann. Es gibt keinen rechtschaffenen Glauben ohne den Gehorsam gegen eine über ihm stehende Macht, die ihm fortwährend Neues zu sagen hat, und der er sich zuversichtlich anvertraut, wo er sich selbst nicht zurechtfindet. Nur in solchem Gehorsam hat der Glaube die Kraft, den Menschen immer wieder auf eine neue

Lebensstufe zu heben. Dieser Gehorsam gebührt Gott allein. Aber wir können ihn nur dem Gott erweisen, der sich uns selbst offenbart, nicht einem Gott, von dem uns andere berichten. Wir können uns wohl auch einem solchen Bericht gefangen geben und ihn Offenbarung nennen. Das sieht dann wie Glaubensgehorsam aus, ist aber im Vergleich mit ihm ein äußerliches Werk. Das Herz, das Gott haben will, ist dabei nicht beteiligt. Darin sind wir alle einig, daß die Offenbarung, in der Gott an uns herantritt, für uns die höchste Autorität sein soll. Aber sicherlich ist doch erst das für uns wirklich die Offenbarung Gottes, was durch seine eigene Macht jeden Zweifel an Gottes Wirken auf uns austilgt. Der Gott, der sich uns so offenbart, setzt uns in die innere Verfassung, daß wir uns ihm von ganzem Herzen unterwerfen können. Deshalb ist die höchste Autorität, nach der sich unser inneres Leben richten soll, der geschichtliche Christus. Denn er macht uns den auf uns wirkenden Gott so offenbar, daß, wenn er uns nicht entschwindet, auch Gott uns gegenwärtig bleibt. Dadurch wird er uns der Herr, dem wir gehorchen müssen. Der Gehorsam aber, den wir diesem Herrn schuldig sind, erstreckt sich zunächst nicht auf irgendwelche Satzungen und Lehren, die von ihm ausgegangen sind, sondern auf seine Person. Er selbst soll in uns herrschen. Wenn er uns Gott offenbart, so sehen wir in seinem persönlichen Leben ein Abbild des Lebens Gottes. Daraus ergibt sich eine doppelte Pflicht des Gehorsams gegen ihn, hinter der alles andere zurücktreten muß. Wir sollen uns in jeder Lebenslage durch ihn zu Gott erheben lassen und wir sollen gesinnt werden wie er, damit wir in unserer besonderen Lage so handeln, wie er an unserer Stelle handeln würde. Wenn wir das erstere tun, so lernen wir die Gedanken von Gott und göttlichen Dingen in ihrer Wahrheit verstehen, in denen sich die Jünger nach dem Zeugnis des

Neuen Testaments bewegen; wenn wir das zweite tun, so lernen wir die Gebote Jesu in ihrer Notwendigkeit verstehen und das Leben der Jünger nach diesen Geboten.

So sieht es mit dem Bestande christlichen Lebens aus. Seinen Grund findet es allein darin, daß dem nach Gott verlangenden Menschen der geschichtliche Christus eine unleugbare Tatsache wird und ihn von Gottes Wirken auf ihn überführt. Wenn es dem Christen auch später klar wird, daß sein Lebensgrund schließlich nicht in der Zeit, sondern in der Ewigkeit liegt, so wird er sich doch auf der Höhe dieses Bewußtseins nur halten, wenn er immer wieder an die Tatsache anknüpft, durch die Gott in der Zeit so an ihn herantritt, daß er ihm sichtbar werden muß. Zur Entfaltung kommt das so begründete neue Leben in dem Gehorsam gegen den Herrn. Wir unterwerfen uns aber nur dann seiner Königsmacht, wenn wir uns durch ihn zu Gott bringen, Gottes uns gewiß machen und in göttliches Leben erheben lassen. Hierbei allein sind wir seiner Person selbst, nicht irgendeiner von ihm unterschiedenen Macht, unterworfen. Und wenn es sich doch darum handelt, daß er unser Herr wird – kann denn eine Person eine gewaltigere Herrschaft über einen Menschen gewinnen als darin, daß sie ihn zu dem Bewußtsein seiner Verlorenheit bringt, ihn mit seiner Vergangenheit brechen und in der Gemeinschaft mit Gott neuen Lebensmut und neues Leben finden läßt? Dem geschichtlichen Christus, der uns Gott offenbart, gilt unser Gehorsam. Aber wenn wir so den Gehorsam des Glaubens in der Bewältigung der Umstände und in der Beugung unter unsere sittlichen Pflichten betätigen, dann wird uns auch klar, daß in diesem Glauben die Zuversicht liegt, der Herr sei uns lebendig nahe und erwarte uns in dem Leben, das wir insoweit verstehen, als wir gesinnt werden wie er. Dann wird es uns, aber auch nicht eher, zur Gehorsamspflicht, der Erhöhung des geschichtlichen Christus zu gedenken, und in dem Gedanken an den Erhöhten Trost und Erhebung zu suchen. Aber auch wenn unser Glaube sich zu dieser Höhe erhoben hat, wird es uns immer wieder nötig, daß wir die Tatsache aufsuchen, die der noch nicht glaubende, aber Gott suchende Mensch fassen und als die machtvolle Offenbarung Gottes erfahren kann, das persönliche Leben Jesu oder den geschichtlichen Christus. Denn Gott ist uns niemals in der Weise wirklich und nahe wie die Welt. Er läßt sich in jedem Moment nur finden, wenn wir ihn von ganzem Herzen suchen.

Ernstlichen Widerspruch kann dieser Nachweis der Bedeutung des geschichtlichen Christus nur bei den Christen finden, die entweder rationalistisch denken oder in dem gewohnheitsmäßigen Glauben an Gott und in der gewohnheitsmäßigen Unterwerfung unter Autoritäten stehen, die ihnen innerlich fremd sind. Den ersteren können wir nachweisen, daß sie auf jeden Fall die Religion mißverstehen. Denn die Religion ist noch nicht wirklich in der Überzeugung, daß irgendwelche allgemeine Sätze wahr sind, sondern in dem Bewußtsein der wunderbaren Tatsache, daß Gott mit diesem bestimmten Menschen in Verkehr getreten ist. Im übrigen ist ihnen zu sagen, daß sie der einzigen Autorität, die es für solche Menschen geben darf, ihrem Gewissen getreulich folgen mögen. Sie werden dann schon, zumal wenn die sittlichen Ansprüche der christlichen Gemeinde sie beeinflussen, in die innere Not geraten, in der sie nach der Offenbarung Gottes und damit nach der wirklichen Religion verlangen werden. Den zweiten gegenüber bedarf es erst recht keiner theologischen Widerlegung. Sie erliegen bereits dem Gericht der von Gott geleiteten Geschichte. Der gewohnheitsmäßige Glaube an Gott und die gewohnheitsmäßige Beugung unter nicht persönliche, sachliche Autoritäten der Kirche kann nur da bestehen, wo die Kirche politisch herrscht. Die Kirchen der Gegenwart zehren in dieser Beziehung noch von dem Kapital, das während der Weltordnung des Mittelalters sich im Volksleben angesammelt hatte. Aber die politische Herrschaft der Kirche ist dahin, und dieses Kapital schwindet ersichtlich. Da werden die, die wahrhaftig glauben, schon von selbst darauf kommen, die kraftlos gewordenen Autoritäten fahren zu lassen, sich dagegen um so entschlossener auf die wahren Autoritäten, auf das Gewissen und den Erlöser des Gewissens, den geschichtlichen Christus zurückzuziehen.

Aber die Autorität der heiligen Schrift? Sie ist in dem Sinne, daß sie vor allem andern feststehen soll und als letzter Grund des Glaubens vorausgesetzt wird, in der evangelischen Theologie grundsätzlich beseitigt[6]. Ob sie in diesem Sinne wiederherzustellen sei, kann erst diskutiert werden, wenn eine theologische Gruppe sich entschließt, die geschichtliche Forschung von der Bibel fernzuhalten. Das ist bisher nicht der Fall. Dagegen hat für den Glauben, der sich auf den geschichtlichen Christus gründet, alles in der Bibel, was ihm dazu dient, ihm den geschichtlichen Christus anschaulich und verständlich zu machen, den Wert eines geheimnisvollen Gotteswortes, in dessen Tiefen es ihn zieht. Darin, daß wir uns so zur Bibel stellen, kann uns keine historische Forschung stören, wenn wir nur überhaupt gelernt haben, uns die geschichtliche Wirklichkeit des persönlichen Lebens Jesu ohne die Hilfe der Wissenschaft, aber mit den Mitteln des Gott suchenden Geistes festzustellen, und in diesem „geschichtlichen Christus" Gott gefunden haben.

---

6 Vergl. auch das Zitat bei Kähler a. a. O. S. 27: »wir glauben nicht an Christum um der Bibel willen, sondern an die Bibel um Christi willen.«

Weniger gewichtig kommen mir die Einwürfe von *Oppenrieder* und *Ewald* vor (vergl. oben S. 51 f.). Denn ich glaube bei beiden zu bemerken, daß sie das, worauf es mir ankommt, überhaupt noch nicht ins Auge gefaßt haben, nämlich die Unterscheidung dessen, was den Glauben begründet, von dem, was nur der Glaube als etwas Wirkliches sehen kann. Ich will diese Dinge, die unterschieden werden sollen, noch einmal nebeneinanderstellen. Das, worin der Glaube seinen Grund soll finden können, muß so beschaffen sein, daß es dem Menschen gegenwärtig bleiben kann, auch wenn ihm sein Glaube im Zweifel schwindet. Grund des Glaubens können wir also nur das nennen, was dem Gott suchenden, aber noch nicht glaubenden Menschen als etwas Wirkliches entgegentreten kann und in seinem tatsächlichen Inhalt die wunderbare Macht hat, einen solchen Menschen davon zu überzeugen, daß Gott wirklich ist und auf ihn wirkt. Ich behaupte nun, daß dies Doppelte allein von dem persönlichen Leben Jesu gilt; es gilt nicht von den Wundern, die nach dem biblischen Berichte Jesus getan oder erfahren hat, sondern allein von dem im strengsten Sinne wunderbaren persönlichen Leben Jesu. Dies allein hat die Macht, sich als geschichtlich wirklich zu erweisen und den Menschen, auf den es wirkt, vor Gott zu stellen. Der Glaube, der die höchste Erscheinung persönlichen Lebens ist, wird durch die geistige Macht von Personen erzeugt und trifft, wenn er auf seinen letzten Grund hingedrängt wird, auf das persönliche Leben Jesu. Er lebt ganz und gar von der Autorität, aber von einer persönlichen Autorität, die sich dem Menschen als etwas unleugbar Wirkliches aufdrängen muß. Diese Erfahrung macht der Gott suchende Mensch an dem persönlichen Leben Jesu. Durch seine Macht niedergeworfen werden, das ist Grund und Ziel für alles, was wir zum Leben oder zur Entstehung des Glaubens rechnen sollen. Anders verhält es sich mit dem Inhalt des Glaubens. Wenn der Glaube wirklich die Geburt zu einem neuen Leben ist, so muß das, was ihm offenbar wird, eine Wirklichkeit haben, von der der Nichtglaubende schlechterdings nichts sehen kann. Diesen Inhalt des Glaubens dem nicht glaubenden, aber suchenden Menschen als Grund des Glaubens hinstellen, ist daher nicht nur eine lieblose Versündigung an einem solchen Menschen, sondern auch eine Profanation des Heiligen. Wohl ist es im gewissen Sinne richtig, daß Inhalt des Glaubens nur werden kann, was Glauben in uns begründet. Grund des Glaubens ist der geschichtliche Christus, indem er uns durch die Macht seines persönlichen Lebens Gottes Wirken auf uns erfahren läßt, Inhalt des Glaubens ist der in diesem Christus uns erscheinende Gott. Also ist in der Tat der Christus, dessen persönliches Leben wir vor Augen haben müssen, Grund und Inhalt des Glaubens. Aber der Gott suchende Mensch sieht in Christus die wunderbare Tatsache seines in der Geschichte wirklichen persönlichen Lebens; der Glaubende, der Gott in ihm gefunden hat, wird in Christus den ewigen Sohn des Vaters erkennen. Über einer christlichen Verkündigung, die diesen Unterschied nicht beachtet, kann auch die Gnade Gottes so walten, daß durch sie die Menschen auf den Grund des Glaubens geführt werden, wenn nur überhaupt das persönliche Leben des Glaubens in ihr ist. Aber wir werden dadurch nicht von der Pflicht entbunden, das, was schlechterdings nur Inhalt des Glaubens sein kann, als das Ziel hinzustellen, nach dem wir immerfort uns emporringen müssen, indem wir der erlösenden Macht des geschichtlichen Christus uns überlassen. Wäre es nicht besser, bei der Vertretung des Christentums den Menschen zu sagen, darauf allein komme es an, daß sie in Christus das finden, was ihnen als unleugbar wirklich einleuchtet und ihnen doch den lebendigen Gott offenbaren kann, anstatt in ihnen die Meinung zu erregen, sie müßten wunderbare Dinge an Christus für wirklich halten, die sie nicht als etwas Wirkliches sehen können?

Ich habe es selbst verschuldet, daß *Oppenrieder* meine Meinung nicht genau getroffen hat. Er bekämpft dies, daß durch meine Sätze die kirchliche Verkündigung beschränkt und verkürzt werde. Ich hätte allerdings schon früher eindringlicher hervorheben sollen, daß jeder so von seinem Glauben Zeugnis geben soll, wie er ihn hat, nach dem Maße seines Glaubens. Nehmen wir z. B. an, es stehe so mit einem Christen, daß ihm die Wunder, die von Jesus berichtet werden (wenn auch nicht alle), Freude machen, weil es ihm selbstverständlich ist, daß die von Gott beherrschte Welt an diesem Punkte der Geschichte Ereignisse geschehen lassen mußte, wie sie sonst nicht zu geschehen pflegen. Mit mir selbst verhält es sich so. Ich werde also in der Predigt unbefangen von einem Wunder reden, weil mein Glaube mich davor schützt, an dem Wunder Anstoß zu nehmen, im Gegenteil mich in den Stand setzt, in dem Wunder eine Bestätigung dessen zu finden, was ich glaube. Aber es wird mir doch gewiß nicht einfallen, mir einzureden, daß die überzeugende Kraft dieser Wunder meinen Glauben begründe. Denn ich weiß, daß mir diese Wunder in ein ganz anderes Licht gerückt werden, wenn ich nicht in dem Erlebnis stehe, daß Christus mich den Gott spüren läßt, der meine gegenwärtige Not überwindet oder mein Hinleben in sündigem Wesen unterbricht. Vor allem werde ich mich vor der jammervollen Torheit hüten, andern vorzureden, sie müßten diese Wunder als wirklich geschehen annehmen, damit sie danach in Christus den Erlöser finden. Die Aufgabe aller christlichen Unterweisung kann doch, das wird mein Herr Gegner auch sagen, nur die sein, zu Christus zu führen. Dazu dient der unbefangene Ausdruck des eigenen Glaubens. Aber einen wichtigen Dienst leistet dazu auch die Mahnung: der Glaube kann nicht euer eigenes Werk sein; wollet deshalb nichts für wirklich halten, was ihr nicht als wirklich seht. Durch solche Mahnung, die gar nicht einmal immer ausdrücklich laut zu werden braucht, aber auf jeden Fall in der ganzen Haltung der Verkündigung ausgeprägt sein muß, wird ein doppelter Dienst geleistet. Erstens wird dadurch der andere davor bewahrt, in dem Ausdruck des Glaubens oder in dem Schriftwort eine Satzung zu sehen, die er befolgen müßte, um sich zu helfen. Zweitens wird er dadurch darauf geleitet, in der Verkündigung das aufzusuchen, das ihr die belebende Kraft gibt und das ihm selbst als etwas unleugbar Wirkliches entgegentreten kann. Jeder muß das für sich selbst finden, nachdem er von dem Glaubenszeugnis eines Christen innerlich angefaßt ist. Niemand kann ihm das, was ihm Grund des Glaubens werden soll, aus der christlichen Verkündigung herausschälen und in festen Umrissen zeigen. Jeder muß in seiner Weise auf dem Grunde des Glaubenszeugnisses, das ihn ergriffen hat, den geschichtlichen Christus finden, der allein es zur Entscheidung bringen kann, ob es auch in ihm zu der neuen Geburt des Glaubens kommen soll, der seines unzerstörbaren Grundes sich bewußt ist. Wie ich für mich selbst in dem Glaubenszeugnis des Neuen Testaments den geschichtlichen Christus finde, den mir kein historischer Zweifel rauben kann, habe ich in den von *Oppenrieder* kritisierten Ausführungen zu zeigen versucht. Aber daß ich damit in andern den Glauben, der sie erlöst, zu wecken vermöchte, bilde ich mir ebensowenig ein, wie ich selbst durch eine theologische Beweisführung zum Glauben gekommen bin. Es war also nicht nötig, mir darauf gerichtete Widerlegungen zu widmen. Vor allem aber hätte *Oppenrieder* nicht sagen sollen, was mir schließlich als Grund des Glaubens übrigbleibe, sei die Überzeugung, „daß in Jesu der dem Willen Gottes vollkommen entsprechende sittliche Mensch erschienen sei." [NKZ 2, S. 332] Ich habe immer gesagt, daß jeder, der die erlösende Macht der Person Jesu erfährt, darin zweierlei unterscheiden wird: erstens die sittliche Kraft und Güte, deren Unergründlichkeit man erfahren und empfinden muß, zweitens den alles menschliche Maß übersteigenden Anspruch seines Messiastums. Wer dies beides zusammengefaßt sieht, nicht in einer theologischen Ausführung, sondern in dem Christus des Neuen Testaments, der kann nach meiner Meinung hierin die Wirklichkeit erfassen, um deren willen er eine feste Zuversicht zu Gott gewinnen kann. Wenn *Oppenrieder* bestreitet, daß man dem hierin anschaulichen persönlichen Leben Jesu, durch logische Nötigung gezwungen, Vertrauen schenken müsse, so ist das in der Ordnung. Das tue ich auch. Aber wenn er bestreitet, daß durch diese Anschauung das Vertrauen zu dem geschichtlichen Christus als die Wurzel des Glaubens geschaffen werden könne, so muß sein Glaube seine Wurzel entweder in seiner eigenen Entschließung haben, durch die er sich vornimmt, einer Autorität zu folgen, die ihm innerlich fremd ist; oder er wurzelt in einer Erfahrung, in der sich ihm etwas anderes als das persönliche Leben Jesu als die Macht erwiesen hat, die ihm seinen Gott offenbart. Ich nehme aber lieber an, daß er sich selbst hierin mißversteht und daß er im letzten Grunde deshalb glaubt, weil er von dem überwunden ist, was ihm Christus vorgelebt hat und das Neue Testament an ihn heranbringt.

Schlimmer steht es mit den Ausführungen von *Ewald*. Er ist zu einer ruhigen Erwägung der Sätze, die er bekämpfen will, überhaupt nicht gekommen. Was ich beanstande, meint er so formulieren zu können: „In Wahrheit sind doch nicht so sehr die dogmatischen Formulierungen das, was unsere Gegner stört, als vielmehr unser Festhalten an den Tatsachen. Daß wir überhaupt, sei es in welcher Form auch immer, eine wesentliche Zugehörigkeit Christi zu Gott, einen ewigen Hintergrund des menschlichen Lebens Jesu, eine wirkliche persönliche Erhöhung und persönliche Wiederkunft unseres Herrn aussagen, das ist's, was man uns als unzulässig vorwirft, das ist's, was die moderne Bildung verletzt" (vergl. a. a. O. S. 8). Ewald hat aber selbst bei mir gelesen, daß ich es nicht nur nicht tadle, wenn ein Christ solche Dinge aussagt, sondern daß ich mir einen christlichen Glauben, der nicht den Trieb hätte, zu der Gewißheit solcher Dinge emporzuwachsen, überhaupt nicht vorstellen kann. Es stört mich nicht, sondern freut mich, wenn ein Christ daran festhält. Denn, wenn ich zu einem Christen das Vertrauen haben kann, daß ein solches Bekenntnis bei ihm wirklich aus seinem Glauben stammt und nicht aus der Vorlage eines Lehrgesetzes abgelesen ist, so werde ich daran eine besondere Reife seines inneren Lebens bemerken und mir vielleicht sagen müssen, daß er viel besser mit seinem Pfunde gewuchert habe als ich. Aber das stört mich, wenn ein evangelischer Theologe das „Festhalten an den Tatsachen" als etwas behandelt, was lediglich aus einer edlen Entschließung entspringen könne, und die Frage, wie denn einem wahrhaftigen Menschen solche Dinge Tatsachen werden können, von sich abgleiten läßt. Das verletzt nicht meine „moderne Bildung", aber es könnte vielleicht mich als Theologen verletzen, wenn ein Mann meiner Zunft in einem Vortrag vor Theologen seine Aufgabe damit für erledigt hält, daß er ein volltönendes Bekenntnis hören läßt, während seine Ausgabe wäre, eine rechtschaffene Auskunft darüber zu geben, wie er zu solchem Bekenntnis kommt. Davon abgesehen, sind mir Ewalds Ausführungen sehr willkommen. Denn sie machen die Fehler deutlich, die ich beseitigt sehen möchte.

Er fühlt sich stark in dem Festhalten an Tatsachen, die andere berichten oder die für den Glauben anderer festgestanden haben. Daß ihm die Möglichkeit, in diesen Tatsachen zu leben, Kraft gibt, bezweifle ich gewiß nicht. Aber daß er in ihnen leben kann, hat doch nicht darin seinen Grund, daß andere es gekonnt haben. Wie bei jenen, so muß auch bei ihm ein Ereignis, das er selbst erlebt, die Kraft haben, ihn in den neuen Stand christlichen Lebens und Denkens zu erheben, indem es ihm als die Offenbarung Gottes an ihn selbst klar wird. Haben wir Recht mit der Überzeugung, daß Christus uns erlöst, so muß die geschichtliche Wirklichkeit Jesu für jeden von uns dies Ereignis werden können. Dazu den Weg zu weisen, ist die wichtigste Ausgabe der Theologie. Diese Aufgabe anzuerkennen, ist aber Ewald, wie viele andere, deshalb außerstande, weil er meint, den Erlöser könnten wir nur dann in Christus finden, wenn wir zuvor wüßten, daß er der Sohn Gottes sei. So wenigstens meine ich den Satz verstehen zu sollen: „Nicht daß einmal einer gelebt, der uns Gottes Liebe darstellt, macht dieses Leben zum religiösen Wert ohne Gleichen, sondern daß Er es war, Gott von Gott und doch unser Bruder geworden, das macht den absoluten Wert des Lebenswerkes unseres Herrn und Meisters aus" (a. a. O. S. 12). Vorher steht die Erklärung, an der Größe des religiösen Bedarfs scheitere jede Herabminderung der Größe des religiösen Mittlers. Wider die Tatsachen der Sünde und des Todes helfe allein die Tatsache, welche die Kirche aller Zeiten als ihren Glaubensgrund bekannt habe, daß Gott selbst für uns eingetreten sei in seinem ewigen Sohne. Aber die Frage steigt diesem Theologen nicht auf, wie denn dem Menschen, bevor er ein durch Christus Erlöster ist, das eine Tatsache sein könne, daß Gott in seinem ewigen Sohne für uns eingetreten sei. Er tut so, als sei es selbstverständlich, daß wir, um erlöst zu werden, dies als eine Tatsache annehmen. Es liegt aber auf der Hand, daß das, was der unerlöste Mensch sich unter Gott und Menschwerdung Gottes denken mag, den Sinn, den diese Worte für den erlösten Christen haben, gar nicht erreicht. Dann sollte also die Erlösung des Christen so vor sich gehen, daß er sich vornimmt, etwas als Tatsache anzusehen, was für ihn nicht Tatsache ist, und sich Gedanken überläßt, die himmelweit verschieden sind von den Gedanken, die Gott seinen Erlösten ins Herz gibt. Diese ganze Vorstellungsweise ist so absolut gedankenlos, daß sie sich nur da halten kann, wo die Reflexion noch nicht dazu entwickelt ist, den wahren Grund des eigenen Christenglaubens sich klar zu machen. Ja gewiß kommt gegen die Tatsachen der Sünde und des Todes nur eine Tatsache auf, die mich ganz und gar hinnimmt und der Befangenheit durch jene Mächte enthebt. Das kann nur eine Tatsache an mir bewirken, die ich selbst erlebe, nicht aber eine Belehrung über das, was andere zu sehen meinten. Es wäre den Menschen, denen Christus das Gewissen geschärft hat, nicht zu helfen, wenn nicht die geschichtliche Wirklichkeit seines persönlichen Lebens sie packen und sie davon überzeugen könnte, daß Gott eben in diesem Faktum sich ihnen selbst als der Lebendige und auf sie Wirkende bezeugt. Es ist aber noch ein anderer tiefer liegender Grund, durch den Ewald abgehalten wird, sich die wichtigste Frage der christlichen Theologie zu stellen. Er sieht darin, daß einem Menschen sich Gott offenbart, noch nichts Besonderes und Großes. Er hält es wohl für möglich, daß uns durch die Sünderliebe des „geschichtlichen Christus" eine „Vergegenwärtigung Gottes" zu Teil werde. Aber nach seiner Meinung können wir daraus immer nur entnehmen, „wie Gott lieben kann, wenn er will! Aber mehr sehen wir nicht. Und dies hilft uns nichts." Allerdings, dies hilft uns nichts. Wenn mich die Erscheinung Jesu nur die Wahrheit des allgemeinen Satzes erkennen läßt, daß Gott lieben kann, so ist mir damit nicht geholfen. Die Einbildung, daß man mit der Befestigung dieser Wahrheit im Gemüte die erlösende Kraft des Glaubens habe, zerrinnt, wie Ewald richtig ausführt, sobald es darauf ankommt, in der Not des Lebens zu erfahren, daß der Glaube rettet. Daß Ewald sich gegen uns wendet, wenn er meint, daß wir unter der Offenbarung auch nichts weiter verstehen, als die Befestigung einer solchen Wahrheit, auf die man in ruhigen Zeiten mit Befriedigung blicken kann, das billige ich durchaus. Aber ich darf mich darüber wundern, daß er uns so verstanden hat. Von mir selbst liegen zwei Schriften vor, die allein den Zweck haben, zu zeigen, daß eine Offenbarung, die dem Menschen nichts weiter bieten würde, das Leben der Religion nicht begründen kann. Aber darauf, was Ewald aus uns macht, kommt nicht viel an. Viel interessanter ist mir, zu sehen, wie Ewald sich weiterhilft, nachdem er das als Offenbarung oder „Vergegenwärtigung" Gottes anerkannt hat, was ich niemals dafür gelten lassen würde.

Indem er sich die Offenbarung so vorstellt, wie er tut und auch bei uns voraussetzt, sagt er sich mit Recht, daß zu der Offenbarung der Liebe Gottes noch etwas mehr und größeres hinzukommen müsse, damit sich der Christ jetzt gerettet wissen könne. Er sagt, die Offenbarung der Liebe Gottes überhaupt werde dadurch überboten, daß Gott etwas getan habe, worin auch der größte Sünder sich geborgen fühlen könne. Gott habe sich selbst für uns dahingegeben in seinem Sohne. Ich bestreite nun rundweg, daß damit etwas Größeres ausgesagt ist, und daß Ewald, indem sich auch dies als etwas Unbestrittenes in ihm befestigt, damit weiterkommt, als mit der vermeintlichen Offenbarung der Liebe Gottes. Etwas Größeres ist gewiß nicht damit ausgesagt. Denn ein Christ wenigstens wird unter der Liebe Gottes gar nichts anderes verstehen, als die Gesinnung, die sich in der Herablassung Gottes selbst zu uns in Christus zeigt. Aber auch Ewald, der etwas Größeres darin sieht, kommt dadurch nicht weiter, daß ihm auch dies als eine unbestreitbare Wahrheit erscheint. Denn es erhebt sich auch hier dieselbe Schwierigkeit, die er selbst gegenüber der vermeintlichen Offenbarung der Liebe Gottes richtig hervorhebt. Der Mensch mag sich das, was Gott in herablassender Liebe für die ganze Menschheit getan hat, mit voller Überzeugung noch so groß vorstellen, er wird dadurch allein gegenüber dem Gewissen, das ihn richtet, und gegenüber der Not, die sein Lebensglück zertrümmert, nicht das Recht und nicht die Kraft empfangen, sich selbst in die Menschheit mit einzuschließen, deren sich Gott erbarmt. Im Gegenteil werden die Ängste, die er in unleugbarer Erfahrung hat, ihm die allgemeine Wahrheit in Betreff der Selbsthingabe Gottes, die er in ruhigen Zeiten sicher zu beseitigen meinte, wieder unsicher machen. Daß trotzdem viele Christen auf die Weise, wie Ewald angibt, zum Frieden gekommen sind, leugnen wir durchaus nicht. Aber wenn ihnen das gelungen ist, so hat dabei im Stillen noch etwas ganz anderes mitgewirkt, als die allgemeine Wahrheit von der Selbsthingabe Gottes für die Menschheit, die sie ohne Weiteres der Offenbarung zu entnehmen meinten. Das ist die Erfahrung, daß ihnen aus der Überlieferung das persönliche Leben Jesu als etwas geschichtlich Wirkliches entgegentritt, und daß seine Kraft sie zwingt, um seinetwillen an Gott zu glauben.

Im Vergleich mit der Fülle religiöser Erkenntnis, die Ewald ohne weiteres der h. Schrift zu entnehmen meint, sieht dieses Erlebnis sehr dürftig aus. Aber es hat dennoch für das innere Leben eine unvergleichlich höhere Bedeutung als ein solcher Erwerb. Denn wer nicht für sich die Erfahrung gemacht hat, daß eine Tatsache, die sich ihm als ein unvertilgbarer Bestandteil seiner eigenen Existenz aufdrängte, den Glauben in ihm weckte und ihm zur Offenbarung Gottes an ihn selbst wurde, der ist außerstande, das, was er im Allgemeinen für wahr hält und zu „glauben" meint, auf sich selbst zu beziehen, wenn es sich darum handelt, daß seine Art, seine Schicksale aufzunehmen, und seine Gesinnung dadurch umgewandelt werden soll. Wie sollte er das wohl, da er an seiner eigenen Existenz noch nichts von Gottes Wirken auf ihn bemerkt hat, das allem Zweifel gegenüber durch eine ihm unentreißbare und durch ihren Inhalt übermächtige Tatsache befestigt wäre? Wo dieser Keim des Glaubens nicht vorhanden ist, ist es ganz vergeblich, sich von außen her einen Inhalt des Glaubens aneignen zu wollen. Wenn man andern einredet, daß sie dies könnten und sollten, so führt man sie an der Lebensquelle vorüber und verwandelt ihnen die Güter der Überlieferung, die ihnen Brot werden könnten, in Steine. Hat dagegen ein Mensch erfahren, daß er angesichts des persönlichen Lebens Jesu Gott nicht leugnen kann, so ist der Keim des weltüberwindenden Glaubens in ihm vorhanden. Dieses Widerfahrnis erleidet er. Es ist das die Zeugung eines neuen persönlichen Lebens in ihm durch eine Person, die ihn ganz und gar gefangennimmt und ihn zu grenzenlosem Vertrauen zwingt. Hat er das nicht erlitten, so ist er nicht berufen, und es wird ihm dann wenig helfen, sich die Vorstellung aneignen zu wollen, daß Christus der Sohn Gottes sei, ihm, der weder von Jesus noch von Gott eine wirkliche Erkenntnis hat. Hat er aber die messianische Macht Jesu an sich erfahren, daß er sich durch ihn vor Gott gestellt sieht, so liegt es an ihm, ob er weiterkommt. Wenn er bei dem, was er durch Jesus erlitten hat, verweilt und es auf sein inneres Leben einwirken läßt, wird er notwendig darin die Kundgebung Gottes nicht nur an die Menschheit, sondern an ihn selbst sehen, oder die Offenbarung Gottes, die ihn zum Verkehr mit Gott erhebt. Wer so in Christus das Faktum, daß Gott sich ihm selbst zuwendet, gefunden hat, ist nunmehr, weil er mit Gott in einem Verkehr steht, den der Erlöser begründet und sichert, für die Erkenntnisse erschlossen, die in andern deshalb gereift sind, weil sie auch durch Christus zu Gott geführt waren. Diese Dinge kann er nun aufnehmen, weil sie in dem Keim seines eigenen Glaubens vorgebildet sind. Er wird dann, geleitet durch die h. Schrift und durch von ihr getragene Christen, dazu gelangen, daß er zu Christus reden kann wie zu Gott, und daß er in dem Werke Christi, das in seinem Tode vollendet und in dem letzten Mahle gedeutet ist, immer wieder Vergebung seiner Sünden findet. Aber er muß nichts vorweg nehmen wollen, sondern warten, bis es in ihm reift. Denn nicht der zur Reife gediehene Besitz dieser Erkenntnisse ist die Hauptsache, so leicht das einem Christen so scheinen kann. Jene Erkenntnisse sind vielmehr da, wo sie wirklich vorhanden sind, die in täglichem Kampf mit dem Leben errungene Auslegung und Anwendung der einen Hauptsache, daß Gott sich einem bestimmten Menschen durch die Kraft des persönlichen Lebens Jesu offenbart hat. So werden die überlieferten Glaubensgedanken für den zu Gott erhobenen und dadurch erlösten Menschen ein Mittel, seine Erlösung zu vollenden. Dem Unerlösten dagegen helfen sie nichts; denn es wird ihm nie gelingen, von der allgemeinen Wahrheit, die sie ausdrücken, eine Brücke zu seiner eigenen Existenz zu schlagen. Wohl aber können sie ihm, wenn er sie sich aneignen will, dazu dienen, das Lügengewebe dichter zu machen, in das ihn seine Sünde einspinnt.

Erlöst werden wir, wenn das persönliche Leben Jesu über uns Macht gewinnt, nicht aber dadurch, daß wir uns der Autorität eines Lehrgesetzes fügen, das uns eine Lehre über Christus darbietet. Ich zweifele nicht daran, daß diese Erkenntnis in den Kirchen der Reformation den Sieg gewinnen wird. Denn hier lebt immer noch der Gedanke, daß in dem Glauben selbst die Erlösung liegt. Aus dieser Wurzel aber kann ein neuer Trieb ausschießen. Denn alle, die jenen Gedanken hegen und ein inneres Leben führen, stehen doch dicht vor der Einsicht, daß ein Glaube, der aus dem Menschen ein neues Wesen machen soll, weder gewohnheitsmäßige Meinung sein kann, noch auch als ein Werk menschlicher Anstrengung erlebt werden darf, sondern als ein Werk Gottes erlebt werden muß. Das gilt aber allein von dem Glauben, der in seiner tiefsten Regung die ehrfurchtsvolle Beugung unter die reale Macht des persönlichen Lebens ist, das wir in der Überlieferung des Neuen Testaments als das innere Leben Jesu erfassen können. Es ist Gottes Wille gewesen, daß der Keim dieses Glaubens so lange Zeit unter der Felsendecke des gesetzlichen Gehorsams gegen das Schriftwort verborgen liegen sollte. Jetzt aber ist diese Decke überall geborsten. Auch ein Mann wie *Grau* sieht sich genötigt, vor kirchlichen Versammlungen dasselbe zu vertreten, was E. *Haupt* hierüber schlicht und klar ausgeführt hat. Das sieht vielen gefährlich aus, die mit Recht davon durchdrungen sind, daß der Glaube Gehorsam gegen die Autorität sein soll. Es wäre auch gefährlich, wenn nicht jetzt gerade an den Keim des Glaubens die messianische Botschaft Jesu dringen könnte, daß er selbst der Erlöser ist, dem der Gehorsam gebührt, und daß kein Gesetz Heilsmittel ist, auch nicht die heilige Schrift, wenn sie zum Lehrgesetz gemacht wird.

B
Erläuterungen

DIETRICH KORSCH

1. Theologie im Übergang zum 20. Jahrhundert

1.1 Der historische Ort der Theologie Wilhelm Herrmanns

Die Lebenszeit Wilhelm Herrmanns (1846–1922) umfasst die gescheiterte bürgerliche Revolution in Deutschland 1848, die Entstehung und den Aufschwung des Deutschen Reiches seit 1871 sowie dessen Ende mit dem Ausgang des Ersten Weltkriegs 1918 und den anschließenden Übergang zur Weimarer Republik. In diesen Etappen vollzog sich, den Impuls der Französischen Revolution von 1789 aufnehmend, die krisenhafte Modernisierung Deutschlands. Politisch ging es dabei um den Konflikt der Herrschaftsformen Monarchie und Demokratie, soziologisch um den Wandel von einer vorwiegend agrarisch zu einer vorwiegend industriell geprägten Gesellschaft, unterstützt von Aufschwung und Erfolg der empirischen Wissenschaften und der wirtschaftlichen Nutzung ihrer Ergebnisse. Diese Umwälzungen und die damit einhergehenden sozialen Spannungen einer sich ausbildenden Klassengesellschaft forderten den Menschen erhebliche Umstellungen ab in der Art und Weise, ihr Leben zu führen und zu deuten; Umstellungen, die ihr Selbstverständnis, ihre Handlungsmöglichkeiten, ihre religiösen Überzeugungen betrafen. Es bildeten sich Parteien, Verbände und Gewerkschaften, die mit traditionellen sozialen Interaktionsformationen wie Familie, Kirche und Nachbarschaft in Konflikt gerieten und diese zu Veränderungen nötigten.

Die Theologie Wilhelm Herrmanns bewegt sich im Horizont der intellektuellen Konstellationen, welche sich im Gefolge der Aufklärung mit der Befestigung der bürgerlichen Gesellschaft seit 1800 herausgebildet und die Umgangsweisen mit der sich verändernden Wirklichkeit bestimmt hatten. Die Strukturen dieses großen Übergangs lassen sich im Ausgang von der Philosophie Georg Wilhelm Friedrich Hegels (1770–1831) nachvollziehen.

Hegel hatte sich darum bemüht, einen umfassenden Entwurf der Philosophie auszuarbeiten, welcher die aktuellen Erscheinungsformen von Geschichte und Recht, Kunst und Religion unter der Figur des Geistes zusammenführt und beieinander hält. Auf diese Weise sollte ein Gefüge sichtbar werden, welches den Spannungen und Entwicklungen der bürgerlichen Gesellschaft standhält. Das konnte nur in Gestalt einer philosophisch-dialektischen Methode geschehen, kraft derer das Eine nicht ohne das Andere, das Bestimmte nicht ohne seinen Widerspruch zu denken war. Allerdings erwiesen sich die widerstrebigen Kräfte der Moderne als stärker und überforderten die Deutungsleistung von Hegels Philosophie.

Das zeigte sich in der Geschichte der Philosophie im späteren 19. Jahrhundert daran, dass die Hegelsche Synthese zerbrach und sich seine Schule in zwei Fronten spaltete. Der sog. Rechtshegelianismus (Philipp Konrad Marheineke [1780–1846], Carl Daub [1765–1836]) legte auf die theologische Dimension des Geistes wert, ermäßigte aber den Anspruch auf geschichtliche Gegenwärtigkeit und ein Begreifen der gesellschaftlichen Veränderungen. Der sog. Linkshegelianismus (Ludwig Feuerbach [1804–1872], Karl Marx [1818–1883]) übernahm die historische Ausrichtung der Hegelschen Philosophie, sprach aber die Kraft der gesellschaftlichen Entwicklung der Natur zu, deren Begriff dann freilich selbst wieder unterschiedlich gefasst wurde. Die damit verbundene Herabstufung des Geistbegriffes erlaubte eine Aufnahme empirisch-sensualistischer Traditionen etwa englischer oder französischer Herkunft (John Locke [1632–1704], Auguste Comte [1798–1857]). Insbesondere waren es die Erkenntnisse Charles Darwins (1809–1882), die als Grundlage für die Formierung einer naturwissenschaftlichen Weltsicht in Gebrauch genommen werden konnten; allerdings dann um den Preis, auf die Idee eines geschichtlichen Fortschritts verzichten zu müssen. Auf dieser – durchaus in sich differenzierten – Linie bildete sich die umfassende Weltanschauung aus, die man Naturalismus nennt.

Nur als vermeintlicher Gegensatz trat diesem Naturalismus der Historismus entgegen, wie er seit dem späten 19. Jahrhundert als Kern der Geisteswissenschaften in Anspruch genommen werden konnte. Die Geisteswissenschaften (Wilhelm Dilthey [1833–1911]) widmeten sich in einem ebenfalls empirischen Zugang den Geschehnissen der Geschichte und stellten sie in Zusammenhänge ein, die ein Verstehen des Sinns erlauben, der in ihnen vorliegt. Die klassische historische Schule (Leopold v. Ranke [1795–1886], Theodor Mommsen [1817–1903]) individualisierte auf der einen Seite diese Sinnzusammenhänge auf die in ihnen tätigen Akteure hin, nahm auf der anderen Seite aber auch immer die übergreifenden Horizonte in den Blick, in dem die geschichtlichen Handlungen stattfanden. Dem historischen Blick geriet dabei alles in einen fortlaufenden Prozess der kontinuierlichen, aber nicht im Ganzen zielgerichteten Veränderung – so wie auch die eigene Gegenwart das zufällige Resultat vorangegangener Geschehnisse war. Die historistische Weltanschauung, die sich darüber ausbildet, teilte daher mit dem Naturalismus den Gedanken der andauernden Veränderung – und blieb, wie dieser, gespalten in der Frage nach der Zwangläufigkeit eines geschichtlichen Fortschritts. Auch der Historismus ist nicht einheitlich.

In dem Gegensatz von Naturalismus und Historismus, wie er die geistige Landschaft Deutschlands im 19. Jahrhundert prägte, sprach sich freilich nur die eine große Veränderung aus, die das ganze Zeitalter bestimmte, nämlich der Verlust der Traditionsleitung, die in vorbürgerlichen Zeiten für die Einheit von Staat und Gesellschaft, Religion und Kultur gesorgt hatte. Es war von nun an nicht mehr die für alle verpflichtend gemachte Herkunft, die die Orientierung in der Gegenwart und die Optionen für die Zukunft bestimmt. Diese Veränderung betraf nun auch und insbesondere die Religion als Deutung gelebten Lebens, wie sie sich in Gestalt der christlichen Kirchen und ihrer Theologie ausgeprägt hat.

Denn Kirche und Theologie – wie auch die persönliche Frömmigkeit – hatten bislang an der Einheit einer Weltanschauung festgehalten, die die Wirklichkeit Gottes mit der Wirklichkeit der Welt fest verbunden und in der Geschichte vorliegen sah. Damit standen sie freilich im Widerspruch zu den gesellschaftlichen und intellektuellen Bestimmungsfaktoren der Moderne.

In der evangelischen Theologie war es Hegels Berliner Universitätskollege Daniel Friedrich Ernst Schleiermacher (1768–1834) gewesen, der den Versuch gemacht hatte, das traditionsorientiert-monolithische Verständnis einer religiösen Weltanschauung aufzubrechen und in ein Verhältnis des Mit- und Nebeneinander von gesellschaftlichen Systemformationen (Staat, Kirche, Wissenschaft und freie Geselligkeit) zu überführen, welches dann von einem religiösen Selbstverständnis getragen sein könnte. Doch hatte sich auch dieses Modell, obgleich weniger voraussetzungsreich als das Hegelsche, nicht als allgemein akzeptabel herausgestellt. Denn es hatte die beabsichtigte Unterscheidung zwischen der gesellschaftlichen Differenzierung und der Eigenart des Religiösen nicht konsequent durchführen können, weil es die Eigenart der Religion immer noch mit der kirchlich-traditionellen Vermittlung der religiösen Gehalte und Verhaltensweisen verband. Daher blieben der institutionelle Protestantismus und die akademische Theologie, ebenso wie die überwiegende Zahl der christlich Frommen, in einem grundsätzlichen Zwiespalt im Verhältnis zur modernen Welt und der machtvollen Differenzierung in Naturalismus und Historismus befangen. Der Versuch, die Eigenart der Religion in der Moderne, also die Überzeugungskraft des Glaubens im beständigen Wandel der Zeiten darzutun, zerfiel in den innertheologischen Gegensatz zwischen einem vergleichsweise offenen Religionsverständnis auf kirchlich-sozialem Grund und einem sich gegenüber der Moderne verschließenden kirchlich-institutionellen Christentum, in dem keine der beiden Seiten den gegebenen Anforderungen standhalten konnte.

Auf der einen Seite – und quantitativ überwiegend – artikulierte sich der auf Tradition gegründete Widerspruch gegen die Moderne. Die religiösen, in der Kirche gepflegten Überzeugungen verbanden sich mit Ansprüchen auf eine Realität des Geglaubten, die unter den Bedingungen des Naturalismus nicht zu rechtfertigen waren. Die Naturwissenschaft wurde als Bedrohung des Glaubens angesehen und als Infragestellung der Kirche, die diesen Glauben lehrte. Entsprechend galt der Historismus als eine Relativierung der religiösen Tradition, sofern er die Bibel als Grundlage und Anfang dieser Tradition selbst zum Gegenstand historischer Untersuchungen machte, sie damit in die allgemeinen geschichtlichen Veränderungsprozesse der Geschichte einstellte und ihr ihre autoritative Besonderheit nahm.

Auf der anderen Seite gab es in der Religion und der Theologie Versuche, die Moderne zu bejahen, auch wenn dies zu Umstellungen in den Glaubenswelten nötigen sollte. Doch lebten diese aus der Erwartung, dass sich die Ideale der bürgerlichen Welt als verträglich erweisen könnten mit den

Grundüberzeugungen des Christentums. Allerdings musste dabei das Verhältnis zwischen der Wahrheit des Glaubens und der Relativität der Geschichte offengehalten werden. Diese Option entsprang vor allem Kreisen der akademischen Theologie und fand in den Kirchen nur eine geringe Resonanz. Den Herausforderungen des Naturalismus und Historismus waren Religion und Frömmigkeit freilich nicht gewachsen, weder auf dieser noch auf jener Linie.

Dieser Spaltung entsprechend hatten sich zwei theologische Lager gebildet, die sich durchaus polemisch gegenüberstanden: auf der einen Seite eine konfessionell-konservative Theologie vor allem lutherischer Herkunft, die ihre dogmatische Härte durch erwecklich-neupietistische Züge mäßigte; auf der anderen Seite eine liberale Theologie eher religionsphilosophischen Zuschnitts, die von der Hoffnung beseelt war, dass Christentum und moderne Gesellschaft trotz aller Gegensätze künftig in einem befriedeten Gemeinwesen zusammenfinden.

Man muss sich dieses Bild des auf beiden Seiten ungenügenden Gegensatzes von lebensweltlichen Orientierungen und intellektuellen Deutungsanstrengungen deutlich machen, um den Einschnitt zu verstehen, den die Theologie Albrecht Ritschls bedeutete, als 1870 die erste Auflage seines Werkes „Die christliche Lehre von der Rechtfertigung und Versöhnung" erschien. Darin hatte sich Ritschl konsequent der Aufgabe angenommen, die Eigenständigkeit der Religion, aus der die Lebensgewissheit erwächst, mit der Selbständigkeit der modernen Welt, die Selbstverantwortung erfordert, zu vereinbaren. Ritschls Grundfigur bestand darin, das Reich Gottes einerseits als umfassenden sittlichen Horizont zu verstehen, der es erlaubt, die der Moderne eigenen Freiheitsimpulse und Entwicklungsdynamiken zusammenzuhalten.

Eben dies Reich Gottes im modern-universellen Sinn aber war andererseits als religiöser Bestimmungsfaktor durch das Christentum in die Welt gekommen – und zwar so, dass sich seine Kraft nicht in die geschichtliche Tradition auflöst, sondern daß es auch und gerade in der modernen Gegenwart seine Funktion als Gewissheitsgrund und Lebenskraft beweist. „Versöhnung" heißt darum, dass die Ziele des Christentums und die Ziele der modernen Welt ineinander überführt werden können; „Rechtfertigung" steht für den Vorgang, aus der Religion immer wieder und auch gegen das eigene und historische Scheitern in die Spur der Verwirklichung zurückkehren zu können. Durch die historische Tradition hindurch kommt also, so meint Ritschl, die prinzipielle Funktion der Religion zur Geltung.

Für die theologische Begründung dieses Konzepts hatte Ritschl die Disziplinen der Exegese, der Kirchengeschichte und der Dogmatik miteinander verbunden. Er hatte die individuelle und gesellschaftliche Verankerung der Sittlichkeit zur Aufgabe und Leistung der protestantischen Religion erklärt, sofern sie sich an der Verkündigung Jesu vom Reich Gottes orientiert, welches alle Handlungszwecke in und trotz aller möglichen Vielfalt zusammenhält. Er hatte den protestantischen Impuls zur Grundlegung des Glaubens auf Martin Luther zurückgeführt, in dessen Person und Werk er ein nicht auf Tradition gründendes, sondern Gottes Gegenwart unmittelbar wahrnehmendes Christentum erkannt hatte. Und er hatte sich philosophisch an Immanuel Kant anschließen können, um auf seinen Spuren Individualität und Allgemeinheit miteinander zu verknüpfen. Damit hatte Ritschl eine religiös integrative, aber gesellschaftlich offene Theologie entworfen, die sich als modernitätskompatibel darstellte.

Sein Entwurf bedeutete eine Herausforderung für das konservative, der Moderne widersprechende protestantische Christentum und dessen auf Tradition ausgerichtete konfessionelle Theologie, ließ aber andererseits auch die liberale Seite unbefriedigt, sofern eine Grundlegungsfunktion der Religion für das verantwortliche Leben in der Gesellschaft beansprucht wurde. Überdies widersprach Ritschls Bezug auf Luther sowohl dem lutherisch-konservativen Konfessionalismus, der Luther für die Anti-Moderne in Anspruch nehmen wollte, als auch der liberalen Theologie, die den Anschluss an Luther als vergeblichen Versuch wertete, der Moderne ein theologisches Fundament verleihen zu wollen. Es war nicht zufällig, dass Ritschls Typ einer modernen Theologie, die als zugleich gegenwartsbezogen wie religiös authentisch auftrat, in den folgenden Jahrzehnten einen Knotenpunkt theologischer Debatten bildete.

1.2 Das systematische Profil der Theologie Wilhelm Herrmanns

In Ritschls Horizont trat auch der junge Wilhelm Herrmann. Er war im Umfeld der geschilderten Gegensätze aufgewachsen, konnte sich dann Ritschls Anliegen zu eigen machen, verfolgte dabei aber von Anfang an einen eigenen Weg, nämlich die Frage nach der Koexistenz zwischen selbständiger Religion und selbstbewusster Moderne grundsätzlicher, ja: prinzipiell, zu stellen.

Wilhelm Herrmann ist in einem preußischen Pfarrhaus großgeworden, das von einer vermittlungstheologisch-erfahrungsbezogenen Theologie in der Nachfolge Schleiermachers geprägt war. Am 6. Dezember 1846 in Melkow (Altmark) geboren, begann er das Studium der Theologie in Halle im

Jahre 1866. Halle war ein Hort des in der Aufklärung wurzelnden theologischen Rationalismus gewesen, bis die Berufung Friedrich August Gottreu Tholucks (1799–1877) im Jahr 1826 eine neupietistisch-erweckliche Wendung der damals größten theologischen Fakultät Deutschlands einleitete. Im Hause des alten Tholuck übernahm Herrmann 1868 für zweieinhalb Jahre – unterbrochen durch die Kriegsteilnahme vom Sommer 1870 bis zum Sommer 1871 – die Rolle eines „Amanuensis", die man sich als eine Verbindung von wissenschaftlicher Hilfskraft und Hausdiener vorstellen muss. Seine Beziehung zu Tholuck hinderte freilich nicht das Studium der Philosophie Kants, wie schriftliche Arbeiten aus dieser Zeit zeigen. Auch den damals bekannten Philosophen Hermann Lotze (1817–1881) hatte Herrmann gelesen, der eine vermittelnde Position von Idealismus und Empirismus auf einer anthropologischen Grundlage versucht hatte; die später philosophisch prominent gewordenen Begriffe „Selbstgefühl", „Geltung" und „Werturteil" verdanken ihre terminologische Einführung Lotzes Schriften. Nach seinem theologischen Examen und einer Zeit als Lehrer wurde Herrmann 1875 Privatdozent in Halle.

Herrmanns theologisches Werk zeichnet sich durch eine erstaunliche Kontinuität der Fragestellung aus. Das durchgängige Thema von Herrmann Theologie ist der Weg zu einem authentischen, freien und selbständigen christlichen Glauben im Umfeld des modernen Bewusstseins und seiner Weltauffassung, wie sie sich in den Bewegungen von Naturalismus und Historismus niedergeschlagen hat. Die theologische Behandlung dieser religiösen Kernfrage variiert im Laufe der Zeit und in Aufnahme unterschiedlicher Kontexte. Sie verfolgt aber stets ein identisches Interesse: die Individualität des Glaubens als Mitte des evangelischen Christentums festzustellen und festzuhalten – und gerade von dort aus sowohl die religiöse Gemeinschaft in der Kirche als auch die sittlichen Wirkungen in der Welt bestimmt zu sehen. Und sie bedient sich einer im wesentlichen gleichartigen Methodik, die man eine hermeneutische Phänomenologie nennen könnte; stets arbeitet Herrmann mit möglichst geringen theoretischen Prämissen; an die Stelle axiomatischer Ableitungen tritt eine wahrnehmende und zum Nachvollzug einladende Beobachtung von Phänomenen des gelebten Lebens. Dafür verwendet Herrmann fast durchgängig die rhetorische Form der „Wir"-Rede, die Leser und Hörer in den Kontexten ihrer Erfahrung und Selbsterfahrung aufsuchen und auf den Weg des Gedankens mitnehmen möchte.

Aufgrund dieser andauernd verfolgten Fragestellung und der gleichbleibenden Methodik empfiehlt sich eine Einteilung von Herrmanns Theologie in verschiedene „Phasen" nicht; eher trifft das Bild einer beharrlichen, schrittweise erfolgenden inhaltlichen Präzisierung und kontextuellen Spezifizierung zu. Dieses Arbeitsverfahren hat auch die Publikationen Herrmanns bestimmt, wie man an den Überarbeitungen der Hauptwerke in den verschiedenen Auflagen studieren kann.

In Halle erschien 1876 Herrmanns Schrift „Die Metaphysik in der Theologie", in der er die religionsphilosophischen Bemühungen, Religion und Welterkenntnis aus einer gemeinsamen Quelle herzuleiten, kritisierte – im Blick auf den religiösen Freiheitsbegriff ebenso wie in Bezug auf die in der Christologie gebrauchten Kategorien der „Naturen" Christi. „Metaphysik" meint bei Herrmann diesen Versuch einer Einheitsweltanschauung und bezeichnet auf kritisch-funktionale Weise ein geschichtlich konkretes Phänomen der Philosophie und Theologie nach Kant. Der Ausdruck bezeichnet nicht etwa konstruktiv-statische „übernatürliche" Sachverhalte. Mit dieser Schrift ließ Herrmann nicht nur seinen

Anschluss an die Theologie Albrecht Ritschls erkennen; er gab Ritschls Kritik an einer Religion und Wissenschaft zusammenschließenden Weltanschauung geradezu das methodische Stichwort vor, das Ritschl dann auch selbst aufgriff (Albrecht Ritschl, Theologie und Metaphysik. Zur Verständigung und Abwehr, Bonn 1881). Die Zusammenarbeit zwischen Ritschl und Herrmann trug wesentlich dazu bei, dass sich auch andere Theologen wie der Neutestamentler Adolf Jülicher (1857–1938), der Dogmatiker Julius Kaftan (1848–1926) und der Kirchen- und Theologiehistoriker Adolf Harnack (1851–1930) an Ritschl anschlossen.

Genauer und sicherer entfaltete Herrmann sein eigenes Konzept in seinem ersten Hauptwerk „Die Religion im Verhältnis zum Welterkennen und zur Sittlichkeit", das 1879, im Jahr seiner Berufung auf die Professur für Systematische Theologie an der Universität Marburg, erschien. Drei Gedanken sind dabei entscheidend. Erstens rekonstruiert Herrmann das Verfahren der Naturwissenschaft als Aufbau eines unendlichen methodischen Kontinuums. Die Wissenschaft operiert ohne Schranken und unterwirft alles ihrer schrittweisen Betrachtung; Begrenzungen und Ausnahmen gibt es so wenig wie ein Ende der Forschung. Die Absicht der Wissenschaften, die Ganzheit der Welt zu erkennen, ergibt sich daher – das ist der zweite Gedanke – nicht aus ihrer Eigenlogik, sondern aus technisch-praktischen Interessen an der Beherrschung der wissenschaftlich zu erkennenden Welt. Das ist eine wichtige Einsicht, die zwischen dem Verfahren der Wissenschaft und den Anwendungen der Wissenschaft unterscheidet. Denn sie eröffnet die Einsicht in den dritten Grundgedanken, dass die Behauptung einer „wissenschaftlichen Weltanschauung" nicht aus der Logik der Wissenschaften selbst folgt, sondern sich dem Interesse an der Weltbeherrschung verdankt. Damit hat Herrmann sehr genau und zutreffend die gesellschaftliche Dynamik beschrieben, die den neuzeitlichen Wissenschaften zugrunde liegt. Eben diese Erkenntnis hilft dann dazu, die kritische Betrachtung der Religion durch die Naturwissenschaften nicht als Resultat der wissenschaftlichen Methode, sondern eines Lebensinteresses zu entziffern, welches sich der Weltbeherrschung verschrieben hat – und damit die Menschen in höchste Abhängigkeit von der Natur und dem menschlichen Bestreben nach einer Verfügung über sie versetzt.

Von dieser Haltung kann und muss sich die Religion unterscheiden – und zwar gerade mit der Absicht, das bürgerliche Freiheitsversprechen auf eigene und selbständige Weise zu realisieren. Das geschieht durch sittliche Selbstbesinnung, und diese bedarf, wie gezeigt wird, eines religiösen Grundes im individuellen Leben. Die Konzentration auf die Individualität des Glaubens als umfassende Bestimmung inneren Lebens markiert dann auch den Unterschied zu Albrecht Ritschls Konzept vom Reich Gottes als integrativ-sozialem Symbol christlichen Lebens und der modernen Welt. An Immanuel Kants theoretische Philosophie kann sich Herrmann mit seiner Sichtweise der Naturwissenschaften modifiziert anschließen; Kants praktische Philosophie ergänzt Herrmann durch den Aspekt, dass sich das zur Selbstbestimmung aufgerufene Selbstbewusstsein immer auch schon als Selbstgefühl empfindet, welches seine Präsenz in der empirischen Welt anzeigt. Herrmanns „Religion" von 1879 bleibt die methodische Grundlage für sein weiteres Werk. Das Buch hat keine zweite Auflage erfahren, aber auch keine Fortschreibung nötig gemacht.

In Marburg war Herrmann über seine Emeritierung im Jahr 1917 hinaus bis zu seinem Tode 1922 ansässig. Regelmäßig hielt er an der Theologischen Fakultät Vorlesungen über Dogmatik und Ethik, dazu auch Symbolik (Konfessionskunde); manchmal auch kleinere Vorlesungen fundamentaltheologischen Zuschnitts, wie etwa „Die Wahrheit der christlichen Religion" seit 1887. Ein Verzeichnis seiner Lehrveranstaltungen findet sich im Briefwechsel zwischen Albrecht Ritschl und Wilhelm Herrmann, 491–500 (s. unten S. 182). Herrmann hat in seinen Marburger Jahren die dortige Theologische Fakultät geprägt, ihr zu einem deutlichen Aufschwung verholfen und ihr großes, internationales Ansehen verschafft.

Dabei mischte sich Herrmann durchaus kräftig in kirchliche und theologische Debatten ein. Auf den Spuren Ritschls vertrat er die Position eines zugleich authentisch-selbstbewussten wie modernitätsoffenen Glaubens sowohl gegen die Front des konservativen Konfessionalismus (etwa Christoph Ernst Luthardt [1823–1902]) als auch gegen Vertreter eines liberalen religionsphilosophisch argumentierenden Christentums (etwa Otto Pfleiderer [1839–1908]); und zumal gegen einen Katholizismus, der sich im I. Vaticanum 1870 dogmatisch auf den Traditionalismus festgelegt hatte. Politisch war Herrmann, wie seine Mitgliedschaft im Evangelisch-Sozialen Kongress seit 1890 zeigt, offen für Fragen gesellschaftlichen Wandels; bereits auf der zweiten Tagung dieses Forums hielt er 1891 einen Vortrag über Religion und Sozialdemokratie, der zwischen der Frage der sozialistischen Weltanschauung und der Frage des sozialen Kampfes zu unterscheiden wusste. Theologiepolitisch hatte Herrmann mit dem Verlag J. C. B. Mohr und seinem Verleger Paul Siebeck die „Zeitschrift für Theologie und Kirche" (ZThK) (seit 1891) vorbereitet – ein programmatischer Titel, unter dem sich Theologen aus der Schule Albrecht Ritschls sammelten; ebenso waren Vertreter der Ritschl-Schule auch für die Lehrbuchreihe „Grundriß der theologischen Wissenschaften" verantwortlich, gleichfalls bei J. C. B Mohr (Paul Siebeck) in Freiburg, später in Tübingen.

Die beiden weiteren Hauptwerke Herrmanns entstammen der Marburger Zeit. Im Jahr 1886 erschien „Der Verkehr des Christen mit Gott. Im Anschluss an Luther dargestellt". In diesem Buch verfolgt Herrmann zwei Ziele. Das erste ist, den Aufbau des Glaubens aus dem Erleben der Person Jesu Christi darzutun. Diese Absicht nötigt Herrmann intensive Debatten über die Möglichkeit der historischen Erkenntnis ab, die es – gegen die vorherrschende Tendenz der historischen Wissenschaft – nicht ausschließen darf, die in der Geschichte lebenden Personen in ihrer individuellen Eigenart wahrzunehmen. Dabei konkretisiert Herrmann seine existentiale Phänomenologie als historische Theorie; sie beruht auf dem Grundgedanken, dass historisch erkennende Menschen heute nicht nur eine Ahnung von dem bekommen, was Menschen zu ihrer damaligen Zeit *getan* haben; sie gewinnen auch ein Empfinden dafür, was sie in ihrer Persönlichkeit *gewesen* sind. Denn beide Seiten, das Handeln und das Selbstsein, gehören ja auch zur Selbsterfahrung der gegenwärtigen Historiker. Diese Einstellung verlangt nicht nur der historischen Methode eine veränderte Wahrnehmung ab, indem sie auf die Voraussetzungen alles geschichtlichen Handelns achten lehrt. Sie besitzt auch eine erhebliche Konsequenz für die theologische Erfassung der Eigenart Christi. Denn mit Herrmanns Einstellung darf man sich nicht dabei beruhigen, was Jesus – wahrscheinlich – gesagt und getan hat und wie die frühe Gemeinde das wahrgenommen hat; die Frage muss sich vielmehr darüber hinaus darauf richten, wer Jesus in Wahrheit gewesen ist, wie man sich also seine Persönlichkeit vorzustellen hat.

Das zweite Ziel des Buches besteht in einer theologischen Aneignung Luthers, die zwischen Luthers Religion und Luthers Theologie zu unterscheiden versucht. Denn zwischen beiden besteht ein Spannungsverhältnis, sofern sich Luther nach Herrmanns Auffassung für seine Konzentration auf den rechtfertigenden Glauben als unmittelbares Gottesverhältnis theologischer Gedanken bedienen musste, die eigentlich von einem anderen, nämlich weltanschaulich geprägten Christentumsverständnis herkommen, also sich dem Kontext verdanken, den man später den katholisch-konfessionellen nennen kann. Noch vor dem Beginn der historischen Lutherforschung, die mit der seit 1883 erscheinenden Weimarer Ausgabe der Werke Luthers ihren Aufschwung nahm und mit der Veröffentlichung von Luthers Römerbriefvorlesung im Jahr 1908 in ein neues Stadium eintrat, stellt Herrmanns Umgang mit Luther einen wichtigen Gesichtspunkt für ein Luther-Verständnis bereit, welches eine Aneignung seiner reformatorischen Einsichten unter modernen Bedingungen ermöglicht, sofern sie zwischen der prinzipiellen Begründung des Glaubens und der geschichtlichen Gestalt des Glaubens, zwischen „Wort" und „Tradition" zu unterscheiden vermag. Die spätere Luther-Renaissance hat daran angeschlossen, Luther aber gleichzeitig konservativer gelesen, als dies bei Herrmann der Fall gewesen war.

Der Titel, den Herrmann seinem Buch gab, verwendet einen uns heute unvertrauten, vielleicht schon damals ungewöhnlichen Begriff. Gemeint ist mit „Verkehr" das Verhältnis zwischen Gott und dem Christenmenschen, also das kommunikative Hin und Her, bei dem eine Einigkeit zwischen den Kommunikationspartnern erzielt wird, welche das Verhältnis beider zueinander festigt und trägt. Die Eigenart des Titels ist, so betrachtet, möglicherweise durchaus am Platz, sofern dieses Verhältnis zwischen Gott und Mensch, wie es sich in dem Phänomen des Glaubens konzentriert, tatsächlich einzigartig ist. Das Buch hat bis 1908 fünf Auflagen erzielt, die stets Veränderungen enthalten; die fünfte (= sechste) Auflage wurde als siebente Auflage 1921 unverändert nachgedruckt. Die Geschichte der Auflagen spricht für ein anhaltendes Interesse an dem Werk – und an dem religiösen Profil, welches es zu erkennen gibt. Die neue Studienausgabe bei Mohr Siebeck (s. unten 181) wird die Veränderungen der Auflagen einleitend darstellen.

Das dritte Hauptwerk Herrmanns ist seine „Ethik" in der Reihe „Grundriß der theologischen Wissenschaften"; erschienen in fünf veränderten Auflage zwischen 1901 und 1913 mit einem unveränderten Nachdruck 1921 (vgl. zur Entwicklung die Einleitung in die Studienausgabe des Werkes 2023). Herrmanns Ethik ist darin von eigenartigem Zuschnitt, dass sie von einer Unterscheidung zwischen „philosophischer" oder „allgemeiner" Ethik und „theologischer" oder „christlicher" Ethik absieht. Das allgemeine Profil sittlichen Verhaltens, welches die Ethik zu bedenken hat, ist nach Herrmanns Analyse von der Art, dass es nach einer religiösen Voraussetzung ruft, welche das innere Funktionieren einer zugleich authentischen wie anerkennungsfähigen Sittlichkeit garantiert. Die ethische Reflexion stellt insofern selbst schon einen Weg zum Glauben dar. Und das christlich sittliche Leben, das auf diesem Grund aufbaut und dem sich das Buch in seinem zweiten Teil widmet, erfährt zuerst seine innerliche Entstehung und Gestaltung im Glauben, bevor es sich an seine Entfaltung im Verhalten und Handeln in der Welt machen kann.

Herrmanns Ethik ist dabei durchgehend von der Grundauffassung getragen, dass wahre Sittlichkeit nicht in einem durch Gebote auferlegten Handeln besteht, sondern in der Entfaltung wohlbestimmten inneren Lebens in der Welt, durch welche die Handelnden zugleich bei sich selbst sind und das Gute gern tun; das ist eine Konstellation, wie sie nur durch die Religion – für Herrmann: die christliche Religion in ihrer protestantischen Gestalt – geschaffen werden kann. Der Weg zur Religion aber kann, wenn man ihn mitgeht, für jedermann zum Ziel führen – wenn sich ein Mensch denn ernsthaft mit dem Problem des eigenen Selbstseins befasst und sich dabei möglichen geschichtlichen Erlebnissen und Begegnungen nicht verschließt. Herrmann Konzentration auf handlungsbereite und handlungsfähige individuelle Subjektivität setzt auch heute noch Maßstäbe dafür, wie Individualität und Intersubjektivität, Authentizität und Verantwortung miteinander zu vereinbaren sind.

Herrmanns Hauptwerke haben, wie die Auflagenzahlen zeigen und wie der Blick in die vielen zeitgenössischen Rezensionen bestätigt, große Aufmerksamkeit gefunden. Das mag auch mit der Sprache zusammenhängen, die Herrmann pflegt; sie ist immer und bei allen, die dem Gedankengang folgen, auf das Entstehen eigener Einsicht ausgerichtet. Es bedarf daher keiner fachtheologischen Vorbildung, um sie zu verstehen. Insofern ist es konsequent, dass sich Herrmann im Vorwort der letzten Auflage der Ethik dezidiert auch an nichtchristliche, ja nichtreligiöse Leser gewandt hat.

Gleichwohl ist festzustellen, dass die Vorschläge Wilhelm Herrmanns, wie mit der Situation des Glaubens in der modernen Welt umzugehen sei, auch von spezifischer Eigenart sind. Sie setzen voraus, dass sich ein strenges und konsequentes Selbstinteresse durch keine traditionellen Versicherungen und Vereinnahmungen beruhigen lässt. „Identität" baut sich für Herrmann niemals über äußere Eigenschaften oder Gruppenzugehörigkeiten auf. Das ist nicht nur ein anspruchsvolles Konzept, es steht auch in Spannung zu der Tatsache, dass die sozialen und kulturellen Vermittlungen der modernen Welt, des Internetzeitalters zumal, bis ins Innerste der Person hineingreifen.

Es ist daher nicht zufällig, dass sich schon zu Herrmanns Lebzeiten eine klassisch zu nennende Alternative zu seinem christlich-ethischen Konzept aufbaute, nämlich in den historischen und systematischen Arbeiten des neunzehn Jahre jüngeren Ernst Troeltsch (1865–1923). Man kann den Gegensatz von Herrmann und Troeltsch, der deren gegenseitige persönliche Achtung nicht verhindert hat, auf eine Zwiespältigkeit in der Theologie Albrecht Ritschls zurückführen. Ritschls Konzeption musste der Frage standhalten, wie denn künftig das Geschick der modernen Welt von der Religion her zu begreifen und mitzugestalten sei: Ist es der *religiöse Grund des Reiches Gottes* in Jesu Verkündigung, welcher die Kraft und die Orientierung vermittelt, auch unter den Spannungen der Moderne nie seine Macht zu verlieren? Oder ist es die *Verlaufsgeschichte des Reiches Gottes* als mögliche Einheit der Zwecke, die die unterschiedlichen individuellen Orientierungen der handelnden Subjekte zueinander führt und beieinander hält? Ist es also, anders ausgedrückt, die prinzipielle Gestalt der sittlichen Verpflichtung auf religiösem Grund – oder ist es die universelle Reichweite der sittlichen Ziele in religiöser Vermittlung, die jeweils auf eine humane Gestaltung der modernen Welt hinarbeiten?

Ernst Troeltsch hat in einer großen Besprechung der ersten Auflage von Herrmanns Ethik diese Alternative in aller Breite und Klarheit diskutiert (Grundprobleme der Ethik. Erörtert aus Anlass von Herrmanns Ethik, ZThK 12, 1901, 44–94. 125–178. Formal und inhaltlich überarbeiteter Nachdruck:

Ernst Troeltsch, Gesammelte Schriften II, 552–672.) Das ist
eine Debatte, die noch heute aufschlussreich und anschlussfähig ist für weitere Diskurse. Gegen den vielleicht derzeit
vorherrschenden Eindruck von dem Überwiegen des geschichtlich-gesellschaftlichen Sollens in der Theologie erwächst aus der Lektüre Herrmanns die Vermutung, es
möchte mit der subjektiven, von individueller Motivation
und Verpflichtung ausgehenden und in Vertrauen wurzelnden Sittlichkeit eine Alternative zum Vorherrschen der Vergemeinschaftung angezeigt sein. Herrmann bietet in der Ethik
eine religiöse Position an, die sich dem Gegensatz von Kommunitarismus und Liberalismus entzieht.

2. Die Wirklichkeit Gottes

Der Text „Die Wirklichkeit Gottes" ist im Jahr 1914 als erstes
Heft einer geplanten dreiteiligen Reihe erschienen, die den
Titel „Die christliche Religion unserer Zeit" trug. Als zweiter
Band war vorgesehen „Jesus Christus und die christliche Gemeinde", als dritter „Unser Glaube". Diese Bände sind nicht
erschienen; das mag auch an den Einschränkungen der Verlagsproduktion im Ersten Weltkrieg gelegen haben.

Aus dem Kontext der geplanten Reihe ergeben sich Ausrichtung und Grenze des hier vorliegenden Textes. Von seiner
Anlage her will er in die Frage nach der Wirklichkeit Gottes
möglichst elementar einführen. Daraus erklärt sich seine
Sprache, die anspruchsvoll in der Sache, aber einfach im Ausdruck ist und auf eine Debatte theologischer Schulmeinungen verzichtet. Wir finden hier die für Herrmann typische Redeweise, die Leser durch ein kommunikatives „Wir" auf den
Gedankengang mitzunehmen. Damit setzt der Autor voraus,
dass seine Beschreibungen der Phänomene und seine Schluss-

folgerungen der Argumentation stets von den Lesern als sie persönlich betreffend nachvollzogen werden können. Will man dafür einen methodischen Ausdruck gebrauchen, könnte man das Verfahren eine phänomenologische Daseinshermeneutik nennen. Sie geht von Beobachtungen zur humanen Existenzweise aus und bemüht sich darum, diese Gegebenheiten auf ihren Hintergrund, ihre Aufbauprinzipien und ihre Konsequenzen hin zu bedenken. Für dieses Verfahren ist unser Text ein besonders deutliches Beispiel; man darf sich vorstellen, dass „die christliche Religion unserer Zeit" hier für Zeitgenossen nachvollziehbar gemacht werden soll, die nicht mehr in kirchlichen Milieus verankert sind; darin behalten Herrmanns Ausführungen einen noch immer aktuellen Sinn.

Die Grenze des Textes liegt in seiner thematischen Beschränkung. Der Name Jesus Christus kommt in ihm nur einmal, ganz am Ende, vor. Diese Namensnennung muss als Hinweis auf das geplante Folgebändchen verstanden werden. Die vorliegende Ausgabe versucht, die fehlende Fortsetzung durch einen anderen prominenten Text zu kompensieren, der am klarsten zu erkennen gibt, wie man sich Herrmanns Darstellung der Bedeutung Jesu für den christlichen Glauben vorzustellen hat.

2.1 Die Aufgabe: Rettung des Menschen durch die Wirklichkeit Gottes

Herrmann hat seinen Ausführungen über die Wirklichkeit Gottes – als handele es sich dabei um ein Motto – einen Text aus drei Sätzen vorangestellt, der deren Sinn und Absicht benennt und der darum einer genauen Auslegung bedarf. Herrmann gibt zuerst eine Definition von Religion, bestimmt sodann den methodischen Zusammenhang der nachfolgenden Erörterungen und benennt schließlich das Ziel des Gedankengangs.

„*Die Religion will dem Menschen Rettung aus seinen Nöten bringen, indem sie ihn mit Gott verbindet.*" (12) Die Lage des Menschen ist demzufolge von „Nöten" bestimmt, mit denen die Menschen zu kämpfen haben, ohne den Kampf durch eigenes Vermögen gewinnen zu können; darum ist von „Rettung" die Rede. Was diese Rettung bewirkt, ist, dass der Mensch mit Gott verbunden wird. Verbindung ist dabei als ein Vorgang, nicht als ein Zustand zu verstehen. Es geht demnach darum, dass sich im Leben der Menschen eine Beziehung aufbaut, die als Gegenwart Gottes verstanden werden kann. Ohne diese Verbindung von göttlichem und menschlichem Leben kann es keine „Rettung" geben. Nun ist es die Religion, die solche Verbindung herzustellen beabsichtigt: sie „will" die Rettung „bringen"; das schließt in sich, dass die Rettung auch angenommen werden muss. Die Religion ist also existentiell notwendig aufgrund der Verbindung mit Gott, die sie vermitteln will, aber auch darauf angewiesen, vom Menschen selbst angenommen zu werden. Damit sind drei Verständnisweisen von Religion ausgeschlossen. Religion liegt (1) nicht so vor, dass sie wie ein Zustand des Menschen ermittelt und entsprechend auf dem Wege gedanklicher Notwendigkeit oder psychologischer Plausibilität verpflichtend gemacht werden kann. Religion ist (2) nicht gegeben, wenn sie den Menschen so überwältigt, dass sein eigenes Dabeisein ausgeschlossen wird. Von Religion ist (3) erst recht nicht die Rede, wenn damit eine bloße Phantasieproduktion des Bewusstseins gemeint sein sollte.

Es ist nicht überflüssig, anhand dieser Begriffsbestimmung von Religion über die Problematik solcher Aussagen nachzudenken, die einer quasi definitorischen Absicht folgen. Natürlich wäre es möglich, den Religionsbegriff auch anders zu bestimmen; in der Theologie, vor allem aber in der Religionswissenschaft gibt es eine Unmenge von Beispielen dafür. Man muss daher Herrmanns Aussage einschränken und präzisieren. Die Einschränkung besteht darin, dass mit Herrmanns Satz über die Religion gemeint ist: Religion, die nicht ein beliebiges Phänomen bezeichnet, sondern Religion, die als solche zu Recht anerkannt wird. Diese Begrenzung verlangt nach einer Präzisierung. Denn ob etwas zu Recht anerkannt wird, entscheidet sich an dem Selbstverständnis derjenigen, denen zugemutet wird, dieser Begriffsbestimmung zuzustimmen. Es geht daher Herrmann nicht um eine allgemeine, etwa für die Religionswissenschaft insgesamt verwendbare Definition, sondern um eine Aussage, die sich an diejenigen wendet, die selbst mit dem Sachverhalt „Religion" umgehen und den Begriff in ihrer Lebenswelt verwenden wollen. Wenn man sich diesen Umstand klarmacht, wird sofort verständlich, was Herrmann mit dem zweiten Satz seiner Vorbemerkung beabsichtigt.

„*Wahr kann also die Religion nur sein, wenn Gott der Wirklichkeit angehört, in der wir leben, leiden und kämpfen.*" Den Ausdruck „wahr" können wir nach dem, was wir gerade erwogen haben, verstehen als „allgemein zustimmungsfähig". Wahrheit meint also nicht nur eine logische Form von Aussagen, sondern schließt ein Lebensverhältnis zu dem Sachverhalt ein, um den es geht. Wahrheit hat immer einen Existenzbezug, der sich darin zur Geltung bringt, dass Unklares und Undeutliches zur Eindeutigkeit gebracht wird und insofern einen Anspruch auf Zustimmung erheben kann. Dabei ist, wie sich von selbst versteht, stets das Ganze der Lebenswelt mit im Spiel, also das, was wir als Wirklichkeit anerkennen müssen. Genau das aber soll nun auch von Gott gelten und gezeigt werden: dass er zur Wirklichkeit unseres Lebens gehört. Damit werden wieder andere Auffassungen von Gott ausgeschlossen. Weder existiert Gott in einer anderen Wirklichkeit als den unsrigen, in der er rein „transzendent" wäre, noch ist er, weil Produkt bloßer Phantasie, unwirklich. Dass Gott aber „der Wirklichkeit angehört, in der wir leben", zeigt sich darin, dass er eine Wirkung auf die Umstände unseres Lebens ausübt, die unsere Wirklichkeit des Lebens als Leiden und Kampf betrifft. Dabei sind „Leiden" und „Kampf" zu unterscheiden. „Leiden" geht auf Abhängigkeit zurück, sei es von der Natur als unserem Lebensraum, sei es von Menschen in unseren Sozialverhältnissen. Dass das Leiden aber nicht einfach hingenommen wird, sondern wir uns ihm im Kampf stellen, weist auf den Umstand hin, dass es mit unserer Abhängigkeit nicht so bestellt ist, dass wir ihr rein unterlegen wären; es gibt die Kraft des Widerstandes – und die hat offenbar mit Gott zu tun, dem an der „Rettung aus unseren Nöten" liegt.

„Wie werden wir dessen gewiss?" Dass diese Beschreibung der Religion und die Erörterung der Bedingungen ihrer Wahrheit tatsächlich auf das eigene Leben zielen und nicht nur als wissenschaftliche, theologische Festsetzungen verstanden werden können, wenn sie überhaupt einen Sinn haben sollen, verrät dieser dritte Satz der Vorbemerkung. Geben die beiden ersten Sätze den begrifflichen und methodischen Rahmen der nachfolgenden Erörterungen an, so ist deren Ziel doch nur erreicht, wenn sie sich bei denen, die denkend mitgehen, in ihrer eigenen Lebensgewissheit bewähren. Dass „Gott der Wirklichkeit angehört, in der wir leben", realisiert sich am Ende darin, dass Selbstgewissheit und Gottesgewissheit nicht mehr voneinander zu scheiden sind. Dieser innerste Zusammenhang von Selbstgewissheit und Gottesgewiss-

heit wird damit zugleich zum Inbegriff allen Wirklichkeitsverständnisses. Wenn es sich so verhält, gibt es überhaupt keine Wirklichkeit, in der nicht mit Gottes Präsenz zu rechnen wäre – wenn anders die Wirklichkeit, in der wir leben, stets unsere Lebenswirklichkeit ist. Herrmann verbindet also, wenn man es mit Fachbegriffen sagen will, die „ontologische" und die „existentielle" Dimension der Wirklichkeit in „soteriologischer" Absicht.

Diese Vorbemerkung lässt erkennen, dass sowohl die Begriffsbestimmung von Religion als auch die methodischen Hinweise zur Behandlung der in ihr enthaltenen Probleme auf die aktuelle Bewusstseinslage der Leser eingestellt sind. Man kann daraus schlussfolgern, dass es keine allgemeine, kontextfreie Definition von „Religion" geben kann; alle derartige Aussagen müssen an das Selbstverständnis der am Gedankengang Beteiligten anschließen.

2.2 Die Lage der Religion in der Moderne

Daher beginnt Herrmann seine Überlegungen mit einer Skizze der Situation, in der sich die Zeitgenossen hinsichtlich des Verständnisses von Religion in der Moderne befinden. Diese Lage ist geprägt durch die Trennung von Wissenschaft und Religion. Sie geht zurück auf die Erfolge der Wissenschaft, vor allem in Gestalt der empirisch arbeitenden Naturwissenschaften und ihrer technisch verwertbaren Ergebnisse. Dieser Typ von Wissenschaft konnte seine dominante Rolle nur erringen, indem er sich auf den Zusammenhang des sinnlich Erfahrbaren beschränkte, also jeden übernatürlichen Eingriff in den Naturzusammenhang methodisch ausschloss. Damit fiel auch die Vorstellung dahin, die gesamte Erscheinungswelt liefe auf ein gemeinsames Ziel hinaus. Die kritische Beschränkung in diesem wissenschaftlichen Verfahren hatte überdies zur Folge, dass auch die Kirche, die als Institution für das umfassende gesellschaftliche Ganze einstand und dafür die Grundanschauungen liefern wollte, ihren Einfluss verlor.

Die höchst komplexe Geschichte dieser Verselbständigung der Wissenschaft gegenüber Religion und Kirche wird von Herrmann nur sehr knapp in Erinnerung gerufen; es kommt ihm aufs Ergebnis, nicht auf den Verlauf dieser Autonomiegeschichte an. Wichtiger ist für ihn, welche Bedeutung diese Lage für die Religion besitzt. Aus ihr folgt nämlich nicht eine Beeinträchtigung, schon gar nicht eine Widerlegung der Religion, sondern sie stellt eine Herausforderung der Religion dar, sich stärker als zuvor auf ihre Eigenart und Eigenständigkeit zu besinnen. Herrmann stimmt also ganz und gar nicht in die Klagen ein, die moderne Wissenschaft habe die Fundamente der Religion untergraben. Allerdings verhält er sich auch zurückhaltend zu der These, die Reformation habe aktiv zur Emanzipation der modernen Wissenschaft beigetragen. Mit seiner auf beiden Seiten kritischen Einschätzung widerspricht Herrmann also einerseits der konservativen Theologie, die mit dem wissenschaftlich begründeten Wegfall der Gegenständlichkeit religiöser Vorstellungen einen Verlust des Glaubens einhergehen sah, auf der anderen Seite theologischen Versuchen, die Reformation als Grund der Neuzeit in Anspruch nehmen zu wollen. Der beiderseitige Widerspruch Herrmanns beruht auf einer Annahme über das Verhältnis von Wissenschaft, Religion und Leben, in der das Leben eine Schlüsselstellung einnimmt.

Das zeigt sich näherhin in der kleinen Kant-Debatte, die Herrmann an die Erörterung der Freiheit der Wissenschaft anschließt. Denn es kann ja mit guten Gründen der Eindruck entstehen, dass Kant, der den theoretischen Zugang zum Gottesgedanken in seiner Kritik der Gottesbeweise verschlossen hatte, doch in der praktischen Philosophie die allgemeine Notwendigkeit der Gottesidee hatte verpflichtend machen wollen. Das kann auch Herrmann nicht bestreiten; wohl aber erkennt er, nicht zu Unrecht, die Beschränkung, die in dem kantischen Gedanken liegt; dieser sagt nämlich nichts darüber aus, ob und wie, also mit welchen Kräften, das im Gottesgedanken verankerte höchste Gut, die Einheit von Sittlichkeit und Glückseligkeit, erreicht werden könnte. Die Idee Gottes nach Immanuel Kant erfüllt mithin gerade nicht die Anforderung, die an lebendige Religion gestellt wurde, nämlich „dem Menschen Rettung aus seinen Nöten" zu bringen. Mit anderen Worten: Auch die praktisch-wissenschaftliche Konstruktion des Gottesbegriffs versagt vor der geforderten Wirklichkeit Gottes.

Was ist dann die Konsequenz der Einsicht, dass sich die Wirklichkeit Gottes weder durch theoretische Schlüssigkeit noch über praktische Notwendigkeit erringen lässt? Gibt es denn ein Jenseits der Wissenschaft – oder ist mit der wissenschaftlichen Unmöglichkeit eines Nachweises von Gottes Wirklichkeit auch der Sinn dieser Rede verlorengegangen? Hier lenkt Herrmann den Blick auf die Grundlage hin, von der er in der weiteren Argumentation ausgeht. Das Stichwort heißt: „Selbständigkeit inneren Lebens" (18). Damit ist ein Sachverhalt gemeint, der die Voraussetzung für jeden Verfahrensschritt der Wissenschaft bildet, ohne jemals selbst Gegenstand der wissenschaftlichen Untersuchung werden zu können.

Dieser Sachverhalt lässt sich in zwei Dimensionen veranschaulichen. Einmal geht es erkenntnistheoretisch darum, dass für alle Annahmen der Wissenschaft ein Subjekt vorausgesetzt werden muss, welches die wissenschaftlichen Theoreme bildet. Das ist bei allen Wissenschaften der Fall, die ihre methodische Allgemeingültigkeit eben genau dadurch erzielen, dass sie einerseits von individuell-subjektiven Einflüssen frei bleiben, aber andererseits doch in Anspruch nehmen, dass die wissenschaftlichen Aussagen von einem jeden kompetenten Subjekt nachvollzogen und beurteilt werden können. Diese erkenntnistheoretische Dimension ist also – das ist die andere Dimension – faktisch verbunden mit einem lebensweltlichen Pluralismus. Denn es lässt sich eben nicht alles, schon gar nicht: alles zugleich, zum Gegenstand der Wissenschaft machen. Die Triftigkeit wissenschaftlicher Erkenntnis beruht ja eben drauf, dass man sich über genau bestimmte Teilgebiete der Wirklichkeit verlässliche Rechenschaft gibt – damit aber andere, lebensweltliche Seiten des humanen Daseins eben nicht zum Thema macht. Man kann diesen Aspekt die existentielle Dimension des Lebens nennen. Um ein „inneres Leben" geht es dabei insofern, als sich diese beiden Dimensionen nicht äußerlich veranschaulichen lassen, aber in ihrem Zusammenhang immer präsent sind – sowohl in dem Bewusstsein der erkennenden und wollenden Tätigkeit, also auf der erkenntnistheoretischen Subjekt-Position, als auch im Empfinden des lebensweltlichen Horizontes, der mit einer jeglichen Subjekt-Position gleichzeitig gegeben ist.

Die theologische Pointe dieses Begriffs des inneren Lebens, der den Status einer nicht negierbaren Wirklichkeit eines jeden Menschen einnimmt, besteht darin, dass genau diese Wirklichkeit zum Ort wird, an dem die Wirklichkeit Gottes zu suchen und zu finden ist.

Was auf den ersten Blick so aussehen könnte, als sei damit eine höchst riskante Subjektivierung der Wirklichkeit gemeint, ist tatsächlich das genaue Gegenteil. Doch um das einzusehen, bedarf es der Berücksichtigung von zwei Kriterien, wie sie gar nicht härter und widerständiger gedacht werden können. Wenn man Gott finden will, dann gelingt das nur, wenn sich dieser Weg in der Wirklichkeit vollzieht und dem Maßstab der Wahrheit standhält.

Von Wirklichkeit reden wir nur dann zu Recht, wenn wir damit nicht etwas Selbstgesetztes meinen. Wirklichkeit ist gekennzeichnet durch einen Widerstand gegenüber der Flüchtigkeit und Beliebigkeit des Fiktiven. Wirklichkeit zeigt sich in Eigenständigkeit, die nicht aufgehoben werden kann. Sie ist da, bevor wir sie als solche begreifen. Sie umgibt uns, wohin immer wir uns wenden. Sie lässt sich nicht einmal reduzieren auf die innere Gewissheit, wie wir sie im Gewissen empfinden.

Das kommt daher, dass die Erkenntnis der Wirklichkeit nach Wahrheit verlangt. Wahrheit ist der nachvollziehbare Zusammenhang von allem; sie erscheint als Gewebe von Aussagen, die sich untereinander stützen, weil eine jede von ihnen sich auf ihrem Feld bewährt hat. Sachgemäßheit und Kohärenz zeichnen sie aus. Wahrheit ist der Modus richtiger Wirklichkeitserkenntnis.

2.3 Wege zur Wahrheit des Lebens

Wirklichkeit und Wahrheit sind nun aber für Herrmann nicht nur Ideen oder theoretische Gebilde, sie sind Gegebenheiten der menschlichen Geschichte. Denn wenn man das menschliche Leben als den Ausgangspunkt der wissenschaftlichen Welterkenntnis annehmen muss, dann ist jede Lebensäußerung davon geprägt, dass sie sich geschichtlich in diesen Zusammenhang des Allgemeinen stellt, welches die

Wirklichkeit in ihrer Wahrheit ausmacht. Anders gesagt: Wenn man die Sprache als Ort der Orientierung in der Welt über die Welt annimmt, dann setzt jede sprachliche Äußerung voraus, sich innerhalb der Wirklichkeit zu bewegen, und beansprucht, verstanden und geteilt zu werden, also wahr zu sein. Sprache zu gebrauchen, ist aber eine elementare Grundlage der menschlichen Geschichte.

Damit hat Herrmann das Tableau aufgebaut, auf dem seine Argumentation über die Wirklichkeit Gottes durchgeführt wird. Wissenschaft kann nicht die gesamte Wirklichkeit abdecken, sondern setzt das Leben als subjektiven Bezugspunkt und gemeinschaftlichen Rahmen voraus. Dieses Leben aber agiert als wirkliches selbst im Kontext der Wirklichkeit überhaupt und strebt in seiner Entfaltung und Selbstdarstellung einen Zustand künftigen Einverständnisses auf der Basis der Wahrheit an.

Die Wirklichkeit Gottes in diesem Zusammenhang dartun zu wollen, schließt zwei theologische Abwege aus. Der erste besteht darin, Religion für eine eigene, separate Wirklichkeit zu halten, also die Individualität des Glaubens für unvereinbar zu erachten mit der Wirklichkeit, wie sie in anderen Lebenszusammenhängen gegeben ist, an denen wir teilnehmen. Der andere Abweg ist, Religion für eine traditionelle Orientierung zu halten, die auf der Autorität anderer Menschen – auch wenn sie im „Auftrag Gottes" reden wollen – gründet. Herrmann wendet sich also gegen einen abstrakten Individualismus ebenso wie gegen einen autoritären Traditionalismus.

Individualität und Wahrheit, das sind die beiden Eckpunkte, durch deren Verbindung eine Einsicht in die Wirklichkeit Gottes zu erzielen ist. Damit greift Herrmann auf zwei unerlässliche Kriterien unseres faktischen Lebens zurück. Jeder, der einen Text liest, ist im Lesen mit dabei; mit dem Denken und Fühlen verhält es sich ebenso. Noch der Versuch, sich selbst aus dem Spiel zu nehmen, ist als solcher ein individueller Akt. Auch die andere Seite, die hier mit dem Begriff Wahrheit versehen wird, ist unverzichtbar. Das lässt sich wieder über das Lesen, also die Teilhabe an der Sprache, veranschaulichen. Wer spricht, bewegt sich bereits in einem nicht selbstgemachten Allgemeinen. Davon zehren nicht nur Gedanken, die darauf aus sind, eingesehen zu werden, sondern auch Gefühle, die doch als individuelle Regungen des Inneren kommuniziert werden sollen. Wie lässt sich nun diese Verbindung von Individualität und Wahrheit methodisch durchsichtig rekonstruieren?

Herrmann wählt dafür eine Aufteilung der menschlichen Vermögen, die auf Kant zurückgreift, deren Logik man sich aber aus der Sache selbst klarmachen kann (23). Mit Kant gesprochen, geht es um das Vermögen der praktischen und der theoretischen Vernunft sowie um die Urteilskraft; um diejenigen Verfahrensweisen des humanen Bewusstseins also, denen Kant jeweils eine eigene Kritik gewidmet hat. Herrmann spannt diese Dimensionen in eine Betrachtungsweise ein, die sogleich den Umgang mit ihnen zum Thema macht.

Als erstes nimmt er das praktische Vermögen der Selbstbestimmung in den Blick. Selbstbestimmung ist der Vollzug einer Orientierung des eigenen Lebens auf das hin, was es sein soll, aber noch nicht ist. Es geht um die Realisierung dieses Selbstseins in der Wirklichkeit des Lebens, und diese Realisierung geschieht im Handeln. Menschliches Handeln in der Konsequenz der Selbstbestimmung bewegt sich sofort im Medium der Intersubjektivität, wird also, weil es andere Menschen in der gemeinsamen Welt betrifft, von diesen wahrgenommen und beurteilt. Insofern muss es sich immer auch schon zu den Folgen verhalten, die in jeglicher Art des

Handelns enthalten sind. Diesen Aspekt der Folgen menschlichen Handelns nennt Herrmann „reine Gemeinschaft", die von der Sittlichkeit erstrebt wird. Die Folgen sind aber vom handelnden Subjekt nicht zu überblicken; darum kann es sich nur an die überhaupt möglichen Gesichtspunkte halten, unter denen Handlungen zu beurteilen sind. Allein solche Handlungen, die diesem Kriterium einer potentiellen Allgemeingültigkeit entsprechen, können dann vom individuellen Handlungssubjekt mit innerer Zustimmung vollzogen werden. Diese Rückversicherung, die den Kern des kategorischen Imperativs im Sinne Kants darstellt, enthebt nun freilich nicht der Aufgabe, sich den Anforderungen der Gemeinschaft, also der Verantwortung der Handlungsfolgen, zu stellen. Und da fällt das Fazit immer negativ aus.

> „Von der Aufgabe, durch die unser Leben wahr werden soll, kommen wir nicht los, und wir sehen uns doch zugleich durch unsere Schwäche und durch unser Verbleiben in Verhältnissen, die ihr widersprechen, von ihr geschieden. Daraus erwächst das Schuldgefühl, das unser Leben durch den Zwang, sich selbst zu verurteilen, haltlos macht." (26)

Die zweite Dimension ist die Erkenntnis der sinnlichen Welt, die uns umgibt. Die Wahrheit der eigenen Individualität zu finden, verlangt danach, die uns gegebene Wirklichkeit zu erkennen und anzuerkennen. Auch hier begegnet eine Differenzerfahrung. Denn keineswegs ist uns die Wirklichkeit der Welt bereits in allen Fällen und in aller Klarheit gewärtig. Das hat mit der natürlichen Vielfalt der Welt, aber auch mit den menschlichen Interaktionen inmitten der Welt zu tun. Aufgrund dieser Verfassung der Welt bedarf es einer methodischen Anstrengung, ihrer tatsächlichen Wirklichkeit innezuwerden. Unter den geschichtlichen Bedingungen der Moderne ist es dezidiert die Wissenschaft, die für diese Aufgabe zuständig ist. Insofern gehören eine Akzeptanz der wissenschaftlichen Welterkenntnis und ein Interesse an ihrer Weiterentwicklung zu den elementaren Haltungen derjenigen, die für ihr individuelles Leben nach Wahrheit suchen. Allerdings zeitigt die wissenschaftliche Welterkenntnis gerade infolge ihrer Notwendigkeit eine eigentümliche Konsequenz. Sind ihre Ergebnisse für das individuelle Subjekt anerkennungspflichtig, so schließt das methodische Verfahren es gerade aus, dass diese Anerkennung sich bereits aus der Anwendung des Verfahrens selbst ergibt. Denn in der von der Wissenschaft „festgestellten Wirklichkeit, in der jedes Ding durch alle anderen bestimmt wird und jedem die innere Selbständigkeit des Lebendigen fehlt, hat wahrhaftiges Leben keinen Raum" (30). So führt die Stringenz der Suche nach der Wahrheit eigenen Lebens in das Bewusstsein einer unschlichtbaren Differenz.

Sowohl auf den praktischen wie den theoretischen Wegen zur Wahrheit des Lebens bleibt daher eine Lücke übrig, ja, sie baut sich immer wieder als unüberwindbar auf. Der praktische Gegensatz von Sein und Sollen und die theoretische Spannung von Weltzusammenhang und Leben, beide sind unbeherrschbar und unauflöslich. Könnte es dann nicht sein, dass man sich auf die Produktivität des Lebens selbst zurückbeziehen müsste?

Diese Frage macht begrifflich plausibel, warum Herrmann als dritte Dimension der Wahrheitsaufgabe individuellen Lebens die Kunst einführt. Kunst wird dabei, wie sich aus der Anlage der Argumentation ergibt, verstanden als das Hervorbringen von Werken aus der produktiven Innerlichkeit.

Welches sind nun die impliziten Regeln dieses Hervorbringens? Zwei Aspekte kann man unterscheiden. Der erste ist die Beherrschung der künstlerischen Technik, also der passenden Bearbeitung von Gegenständen der Welt als Ausdrucksmitteln der Seele. Solche Technik kann man in gewissem Sinne lernen. Der andere Aspekt ist die Gestalt, die in der Kunst erzeugt wird. Sie soll die Individualität des Künstlers und die Universalität des Werks verbinden. In ihrer Ausrichtung auf vorbildlichen Ausdruck des eigenen Inneren kommt der Kunst daher eine Bildungsaufgabe zu, nämlich die eigene innere Produktivität erkennen zu lehren, gewissermaßen alle Menschen zu Künstlern zu machen. Doch auch diese Dimension der Kunst bleibt problematisch, aus zwei Gründen. Erstens ist das jeweilige Innere der Künstler, also der Quellort ihres Schaffens, alles andere als stabil. Es handelt sich bei der künstlerischen Tätigkeit vielmehr um eine durchaus angefochtene Produktivität. Denn ungeachtet der spezifischen Ausdrucksmöglichkeiten im Kunstwerk verfügen doch auch die Künstler nicht über eine in sich gerundete Sittlichkeit und eine abgeschlossene Welterkenntnis; sie wagen sich ja gerade in ihrer künstlerischen Arbeit an Unerhörtes und Ungesehenes. Sie machen, anders gesagt, in ihren Produkten Vorgriffe auf eine Wirklichkeit, zu der hin sie noch immer unterwegs sind. Der zweite Grund der Instabilität der Kunst besteht in der Tatsache, dass sie, indem sie andere – Betrachter, Hörer, Leser – anspricht, bei und in diesen selbst Resonanzen erzielen möchte, die sich jeder Beherrschung und Planung entziehen. Die Kunst kommt erst in ihrer Rezeption zur Geltung.

Was Herrmann hier vorträgt, ist eine interessante Theorie der Kunst in Kurzform. Sie lehrt erstens erkennen, inwiefern die künstlerische Produktivität der unerlässliche Ausgangspunkt der Kunst ist. Sie weist sodann auf den Sachverhalt hin, dass die Werke Entäußerungen der Produktivität sind, die auch die Künstler selbst herausfordern. Und sie bemerkt zu

Recht, dass sich der Sinn der Kunst erst in ihrer Aufnahme entscheidet, nämlich in der inneren Belebung der Rezipienten. Produktions- und Rezeptionsästhetik werden so miteinander verbunden.

Gerade in dieser Verbindung von produktiver und rezeptiver Subjektivität steckt nun der weiterführende Gedanke. Es ist nach Herrmanns Einsicht nicht so, als führe die Kunst über die bleibenden Gegensätze, wie sie sich auf den Feldern der Sittlichkeit und der Wissenschaft aufgetan haben, hinaus. Aber die Kunst lehrt doch, auf die Korrespondenz des inneren Lebens des Künstlers und des inneren Lebens der Rezipienten zu achten. Dieses Bewusstsein der Korrespondenz ist nun das phänomenologische Faktum, welches den Übergang zur Wahrnehmung der Religion vorbereitet.

Es handelt sich um einen zwiespältigen Eindruck, der sich in dem Durchgang durch die drei Verfahrensweisen der menschlichen Selbst- und Welterkenntnis einstellt. Einerseits gibt es die Erfahrung des Unabgeschlossenen, ja Unabschließbaren im Gegensatz zwischen dem Wollen der Wahrheit der eigenen Existenz und dem Verfehlen dieses Zieles auf allen drei Wegen. Andererseits kann es diesen Eindruck doch auch nur geben, weil es ein Bewusstsein des Zusammenhangs und der Zusammengehörigkeit des Unausgeglichenen gibt. Woher aber stammt nun aber dieses eigentümliche Bewusstsein des Zusammenhangs? Denn die Lage des sich immer neu auftuenden Gegensatzes vermag ja aus sich selbst heraus keinen Grund dafür zu bieten. Wo aber der Zusammenhang sich tatsächlich meldet, schwindet der depressionsanfällige Druck der Vergeblichkeit im Gefühl des eigenen Lebens, und es entstehen Gelassenheit und Freude, die den Menschen die Zuversicht vermitteln, dass sich der Kampf um die Wahrheit des Lebens lohnt.

Dietrich Korsch

2.4 Die Wirklichkeit Gottes und die Wahrheit des Lebens

Die weiterführende Einsicht an dieser Stelle lautet: Es bedarf, um eine Einheit von Individualität und Wahrheit zu erreichen, eines Blickwechsels zum Verstehen der eigenen Subjektivität. Das Auge muss sich abwenden von den Verhältnissen der Welt und sich auf die Verfasstheit des inneren Lebens und seines Ursprungs richten. Das bedeutet im negativen Sinn: „Auf allen Höhenwegen, die die Menschheit sich selbst schafft, zeigt sich uns dasselbe. Sie führen nicht zur Befreiung unseres eigenen Lebens." (37 f.) Dagegen taucht als erfahrenes Faktum auf: „Aber tatsächlich haben wir alle es einmal erfahren, dass wir in den undurchbrechlichen Schranken uns dennoch frei fühlten." (38) Dieses Faktum lässt sich eben nicht von den „Höhenwegen" aus rekonstruieren, es verlangt nach einer anderen Deutung.

Hier ist Herrmann in seiner Auskunft überraschend kurz; sie erfordert daher eine deutlichere Erläuterung. Herrmann These lautet nämlich knapp – und vielleicht etwas rätselhaft: „Nur da, wo wir auf eine ... Vereinigung von Gerechtigkeit und Güte treffen, werden wir zu einer neuen Existenz gebracht." (39) Diese Formel erschließt sich, wenn man drei Elemente, die in ihr liegen, genau bedenkt.

Der erste Gedanke bezieht sich auf „Gerechtigkeit". Wir hatten gesehen, dass die drei „Höhenwege" Sittlichkeit, Wissenschaft und Kunst stets mit der Forderung beginnen, etwas zu sollen, zu erkennen oder darzustellen. Und alle drei enden in der Erfahrung, dieser Forderung nicht angemessen nachkommen zu können. Man könnte also den Eindruck gewinnen, im Leben permanent und endgültig zu scheitern.

Der zweite Gedanke richtet sich auf „Güte". Damit ist die Erfahrung gemeint, dass es die Zuwendung eines anderen Subjekts gibt, welche nicht nach dem Maß der nichterfüllten Forderung urteilt, sondern den in seinem Kampf tätigen Menschen als solchen und insofern unabhängig von oder vor seiner Tätigkeit anerkennt – durchaus im Bewusstsein der Unfähigkeit, die Wahrheit durch das eigene Handeln zu realisieren.

Der dritte, entscheidende Gedanke lautet nun, dass diese Einheit von Gerechtigkeit und Güte kein Produkt der Welt in ihren drei Wahrnehmungs- und Gestaltungsdimensionen ist, auch keine ursprünglich dem Menschen zugehörige Fähigkeit, sondern eine Erfahrung des je eigenen inneren Lebens, welche sich als Vertrauen fühlbar macht. Das ist gemeint, wenn von „neuer Existenz" die Rede ist; es handelt sich um eine menschliche Seinsweise, die davon abgelassen hat, sich aus der Welt zu verstehen, weil sie erfahren hat, dass sie vor aller Positionierung im Weltlauf und vor allem Weltumgang bereits angesehen und anerkannt wurde. Der Ausdruck „Vertrauen" ist in seiner Doppelseitigkeit passend für das Phänomen. Einerseits steckt im Vertrauen das „Vertrauen auf ..." – also die Erfahrung, dass die Einheit der eigenen Existenz eine Reaktion darstellt auf ein Widerfahrnis, das erlebt wurde und das immer wieder neu erlebt wird. Andererseits stellt sich Vertrauen als Selbstvertrauen dar, also als Lebensgewissheit, die zum Umgang mit der Welt veranlasst und ermutigt. Diese Erfahrung ist nun nicht mehr weltabhängig, was ihre Geltung angeht, sie ist „Gottes Offenbarung" (37).

Was Herrmann hier in dem Sprachspiel von Gerechtigkeit und Güte zum Ausdruck bringt, ist de facto nichts anderes als eine verwandelte Aneignung der reformatorischen Grundeinsicht von Gottes rechtfertigendem Handeln am Sünder. Der Ausdruck „Gerechtigkeit" steht dabei für die Forderung des Gesetzes, das nach Gehorsam und Erfüllung des Gebotenen verlangt. Die Einsicht, dass keiner der Versuche, durch das eigene Handeln „Gerechtigkeit" zu erlangen, genügen kann, ergibt sich aber bereits aus der stillschweigend vorhergegangenen Anrede Gottes, die eine Verbindung zum Menschen stiftet, welche allen Forderungen des Gesetzes vorhergeht. Schon der Versuch, durch eigenes Tun Gott gerecht zu werden, hat sich auf einen falschen Weg begeben. Vielmehr ist es die anfängliche Dimension der Verbundenheit mit Gott, welche nun – gegen die Verfehlung der Gerechtigkeit im Handeln – als Güte erneut ins Werk gesetzt wird. Was die spätere Lutherforschung als Dialektik von Gesetz und Evangelium beschrieben hat, findet hier bei Herrmann sein begriffliches Vorspiel; damit hat Herrmann selbst einen Beitrag zu einer modernen und sachgemäßen Auslegung Luthers gegeben.

„Gottes Offenbarung" von der hier die Rede ist, gilt unbedingt. Sie vollzieht sich aber in der Welt; darum ist nicht nur über ihre Geltung, sondern auch über ihre Genese Auskunft zu geben. Herrmanns Ausführung dazu geht in drei Schritten vor:

> „damals, als mütterliche Liebe noch die Hauptnahrung unserer Seele war, haben wir solches Glück gekannt, und wenn uns dieses Licht aus früher Kindheit wieder ins Herz scheint, wird uns auch sichtbar, dass uns im weiteren Verlauf unseres Lebens dasselbe in anderer Weise gegeben wurde und immer wieder an uns herandringt. Es widerfährt uns überall, wo der Ernst und die Güte treuer Menschen uns dazu bringt, uns zu demütigen und ihnen wirklich zu vertrauen. Dasselbe begegnet uns, wenn wir da, wo man nicht an uns selbst denkt, den Willen zu spüren meinen, die eigene Kraft für die Unterdrückten zu opfern und das eigene Glück in dem Dienst an verkümmertem Leben zu suchen. Nur da, wo wir auf eine solche Vereinigung von Gerechtigkeit und Güte treffen, werden wir zu einer neuen Existenz gebracht." (39)

Die frühkindliche Erfahrung des Angenommenseins bildet den Grundstock; die wiederholte Erfahrung abgenötigten und geteilten Vertrauens schließt bestätigend daran an; die

Wahrnehmung unverstellter Nächstenliebe drückt das Siegel auf die vorangegangenen Erfahrungen.

Wichtig ist es nun, in diesen ja durchaus und ganz und gar empirischen Erfahrungen das strukturelle Moment der Geltung aufzusuchen und festzuhalten. Es lässt sich darin finden, dass es nicht die sinnliche Übermittlung des Vertrauens ist, welche die Kraft des Vertrauens schafft. Vielmehr kommt in jedem Akt der Vermittlung des Vertrauens die unbedingte Tragfähigkeit des Vertrauens an den Tag – was sich daran zeigt, dass die Geltung des Vertrauens sich auch von den Übermittlern des Vertrauens ablösen kann, wenn sie sich etwa in der eigenen Lebensgeschichte als nicht mehr vertrauenswürdig erweisen sollten.

Damit kann die von Herrmann aufgebotene Figur der Erkenntnis der Wirklichkeit Gottes auf der Basis der gesuchten Wahrheit des eigenen Lebens als sachlich abgeschlossen angesehen werden. Man kann das Ergebnis in seinen eigenen Worten resümieren:

> „In dieser einfachen Erfahrung [des Vertrauens] kann sich uns die Wirklichkeit Gottes offenbaren. Das erste ist, dass wir in der Macht, der wir uns tatsächlich frei unterwerfen, den *Herrn über unsere Seele* gefunden haben. Freilich an den Menschen selbst, zu denen wir Vertrauen fassten, bemerken wir bald ihre Schwäche. Aber dann grade strahlt die geistige Macht um so heller, die in dem Moment des Vertrauens über uns leuchtete. Indem sie uns gegenwärtig bleibt als das einzige, was uns in Freiheit atmen ließ, löst sie sich von den sichtbaren Trägern ihres Wirkens ab. Dieses Unsichtbare, das wir keinem zeigen können, aber dessen Wirken uns selbst bekannt ist, kann allein so in uns herrschen, dass wir in ihm das über alles Mächtige sehen." (40 f.)

Gott – der Herr unserer Seele: Gott ist derjenige, in dem das Vertrauen wurzelt, von dem wir in unserem Leben in der Welt grundlegend Gebrauch machen:

„Bleiben wir dann so bei der Wahrheit, daß wir den tatsächlichen Gehalt dieses Vorgangs uns nicht selbst verbergen, so folgt das zweite der Gotteserkenntnis von selbst. Die Macht, in der wir den Herrn über unser Leben gefunden haben, wird uns dann auch der *Herr über die gesamte Wirklichkeit*, in der sich die Bedingungen unserer Existenz ins Unermeßliche ausbreiten, über die Welt. Dieser Gedanke, daß die den Sinnen unfaßbare, uns immer nur in einzelnen Momenten flüchtig berührende geistige Macht die Offenbarung des allmächtigen Gottes ist, entsteht aus der reinen Abhängigkeit, die wir tatsächlich in den Moment reinen Vertrauens und reiner Ehrfurcht durch die Macht der geeinten Gerechtigkeit und Güte erleben." (41, kursiv D. K.)

Die innere Konstitution des Subjekts auf der Basis des Vertrauens ist aber, wie die „Höhenwege" gezeigt haben, die Voraussetzung aller Wirklichkeitserkenntnis und eines jeglichen Umgangs mit der Wirklichkeit. Daher ist das Resultat ein Leben, welches der Wirklichkeit in allen ihre Differenzen standhält:

„... wichtiger als alle Versuche, das Unaussprechliche zum Ausdruck zu bringen, ist das ruhige Bewußtsein, daß wir nun in derselben Welt, in der wir bisher mit unserem Anspruch auf Leben fremd und verlassen standen, dennoch eine Heimat der Lebendigen gefunden haben. Sie tut sich uns auf, wenn wir uns von einer Macht ergriffen wissen, die uns zu freier Unterwerfung bringt. Wir spüren dann deutlich das in uns erwachende neue Leben, das uns die Natur nicht geben kann. Darin allein offenbart sich uns Gott. Dann sehen wir das Kommen seiner Herrschaft, die uns selig macht." (41)

Dieses Ergebnis hat einen kleinen Kommentar verdient. Festzuhalten ist, dass Herrmann Gottes Wirklichkeit nicht als „irgendwie gegeben" versteht, als einen Sachverhalt, den man im Unterschied zu anderen Sachverhalten erschließen kann. Gottes Wirklichkeit ist vielmehr der Grund aller Wirklichkeit. Und als solcher ist er in folgender Weise zu denken: (a) zur gesamten Wirklichkeit gehören auch wir, die Lebenden, Denkenden, Fühlenden; Gottes Wirklichkeit muss daher auch uns in uns gegenwärtig sein; (b) wir menschlichen Subjekte sind es aber nun, die überhaupt den Begriff der gesamten Wirklichkeit bilden: „alle Wirklichkeit" gibt es insofern nicht „an sich", sondern „durch uns"; (c) genau das gehört aber zum inneren Aufbau „aller Wirklichkeit", dass sie sich in dieser Konstellation ausdrückt: etwas „an sich", das genau in der Weise dieses Daseins und Erkanntwerdens die „ganze Wirklichkeit" ist. Herrmann hat insofern recht, dass er die Konzentration auf die humane Subjektivität als Schlüssel zur Wirklichkeit Gottes betrachtet; jede andere Anlage des Gedankens würde auf ein unzureichendes Ergebnis führen.

Aus dieser Erläuterung der Argumentation Herrmanns lässt sich auch einsehen, dass für ihn die Gewissheit der Wirklichkeit Gottes kein Produkt intellektueller Einsicht allein ist; Gottes Wirklichkeit erschließt sich nicht dogmatisch, lehrhaft. Vielmehr ist sie von existentieller Präsenz im Menschen, durchdringt das gesamte Gemüt, meldet sich auch im Gefühl der Befreiung und Erleichterung und – vor allem – der Freude. Damit nimmt Herrmann auf, was im Sinne der reformatorischen Theologie Glaube und Gottvertrauen meinen: Gottes Wirklichkeit ist als existentielle Gewissheit zu erleben, die das Leben rettet und erfreut.

Diese alles durchdringende Funktion des Glaubens erklärt auch die sprachliche Gestalt, die Herrmann für sein Büchlein über die Wirklichkeit Gottes gewählt hat. Anders, als es diese Erläuterungen tun, bewegt es sich durchaus bewusst im Medium einer verkündigungsnahen Sprache, die auf die beim Leser unterstellte Selbsterfahrung Bezug nimmt, sie anspricht und deutet und gegebenenfalls zu Umdeutungen anregt. Die Gefahr dabei ist freilich, dass der Text erbaulicher scheint, als seine sehr stringente Gedankenführung nahelegt. Stets darf man sich herausgefordert sehen, interpretierend die gedankliche Struktur in Herrmanns Texten aufzudecken.

Nicht überflüssig mag es überdies sein, auf einige als unglücklich oder missverständlich aufzufassende Ausdrucksweisen Herrmann einzugehen, die heute unvermeidlich Aversionen auslösen. Sie bündeln sich in dem Begriffsspektrum von Allmacht, Macht und Unterwerfung. So kann Herrmann sagen, wenn er vom Innewerden der inneren Freiheit spricht: „Mit dem Wort Allmacht suchen wir das zu bezeichnen, was uns in jenem Erlebnis ergriff." (41) Oder, vom selben Sachverhalt: „eine Heimat der Lebendigen ... tut sich uns auf, wenn wir uns von einer Macht ergriffen wissen, die uns zu freier Unterwerfung bringt." (Ebd.) Man kann diese Redeweisen, die durchweg autoritär klingen, am ehesten im Ausgang von der „Unterwerfung" kritisch analysieren. Die Leitfrage ist ja die nach dem Zusammenhang von Abhängigkeit und Freiheit der humanen Subjekte. Abhängigkeiten sind gegeben, zumal von den natürlichen Lebensumständen; ihnen sind Menschen schlicht unterworfen; ihnen muss man sich aber auch nicht aktiv unterwerfen. Nimmt man nun, was Herrmann ja stets kritisch ausschließt, ein Element der Welt als Bezugspunkt der eigenen Selbstseines (etwa Besitz oder ähnliches), dann gibt es eine Abhängigkeit von diesem Seinsgrund, die erst recht, nämlich innerlich, unfrei macht, sofern alle weltliche Tätigkeit den daraus quellenden Handlungsmaximen folgt. Das wäre eine unfreie Unterwerfung; eine gezielte, selbst gesetzte, darum auch nicht aus sich selbst zu kritisierende Abhängigkeit. Eine „freie Unterwerfung" kann es nur gegenüber einem Grund geben, der nicht unfrei macht, sondern gegenüber der Welt in Freiheit versetzt. „Freie Unterwerfung" ist daher nicht ein Fall allgemeiner Unterwerfung, sondern ein singulärer Vollzug des eigenen Selbstseins im Gegenüber zu Gott, in dem Gerechtigkeit und Güte koinzidieren. Genau und nur von dorther ergibt sich auch der Sinn von „Allmacht". Dabei ist eben nicht eine ins Übermaß gesteigerte Macht zu denken, die auf der restlosen Unterwerfung alles Widerstrebenden beruhte, sondern die Macht, die es erlaubt, mit allem Wirklichen in der Welt erkennend und handelnd umzugehen, weil es dem Erkennen und Handeln offensteht. „Allmacht" ist insofern nicht Ausschaltung oder Beeinträchtigung, sondern Begründung endlichen Handlungsvermögens. Nur wenn man diese Funktionen der Redeweisen Herrmanns genau im Blick behält, lassen sich seine Aufstellungen gegen unsere heutige zu Recht nichtautoritäre Urteilsgrundlage vernünftig verstehen.

> „Die Religion will dem Menschen Rettung aus seinen Nöten bringen, indem sie ihn mit Gott verbindet. Wahr kann also die Religion nur sein, wenn Gott der Wirklichkeit angehört, in der wir leben, leiden und kämpfen. Wie werden wir dessen gewiß?" (12)

Die Verbindung mit Gott, die uns aus den Nöten rettet, inmitten der Wirklichkeit, in der wir leben, leiden und kämpfen – wie Herrmann sich diese Verbindung denkt, ist jetzt hinreichend klar geworden. Was noch zu unterstreichen bleibt, ist die Beziehung dieses Vorgangs auf Religion und Gewissheit. Das Medium dafür ist die Geschichte, genauer: die Verknüpfung von Religionsgeschichte und individueller Lebensgeschichte.

Zunächst kommt der Aspekt der Religionsgeschichte in den Blick. Wenn es sich so verhält, dass sich die Wirklichkeit Gottes nicht aus den Mechanismen der Welterkenntnis ergibt, also nicht strukturell zum Vernunftbestand des Menschen gehört, dann muss sich die Überzeugung von ihr geschichtlich einstellen, sofern es um Religion geht, also in der Religionsgeschichte. Hier ist für Herrmann der „Monotheismus Israels" (42) das entscheidende religionsgeschichtliche Ereignis. Wie immer man diesen Schritt der israelitischen Religionsgeschichte historisch und literarisch beurteilen mag – dafür haben einhundert Jahre der alttestamentlichen Forschung verschiedene Vorschläge erarbeitet –, Herrmann macht sich in gewisser Weise von Herkunfts- und Datierungsfragen frei, weil es ihm auf den strukturellen Kern des Monotheismus ankommt. Nach seinem Urteil handelt es sich beim israelitischen Monotheismus um ein geschichtlich-sittliches, kein spekulativ-kosmologisches Phänomen; und das wird auch nach den letzten historischen Einschätzungen der alttestamentlichen Wissenschaft so gelten können. Das Resultat der Beziehung des ganzen Lebens auf den einen Gott ist eine vorher so nicht gekannte Einheit des Bewusstseins auf sittlichem Grund, die sich von der zu wissenschaftlichen Zwecken anzunehmenden Einheit des Bewusstseins unterscheidet. Damit reicht, nebenbei bemerkt, die von Herrmann angenommene Unterscheidung zwischen der methodischen Bewusstseinseinheit der Wissenschaft und der lebensweltlichen Bewusstseinseinheit der Religion bis in antike religionsgeschichtliche Zeiten zurück.

Diese Beziehung auf die sittliche Personeinheit ist es nun aber auch, die für den Modus der heutigen Aneignung von Religion bestimmend wird. Es kommt darauf an,

> „wie wir selbst dazu kommen können, daß uns Gott ebenso in der von uns durchlebten Wirklichkeit als eine anschauliche Macht gegenwärtig ist. Er kann uns freilich nicht anders anschaulich sein, als in seinem Wirken auf uns. Und das enthüllt sich uns nur, wenn wir bei der Wahrheit bleiben und die Wirklichkeit nicht verleugnen, die wir deutlich sehen." (44)

Dabei gewinnt die Frage der Personeinheit in der Moderne die schon erörterte Kontur,

> „daß wir die unser Herz bezwingende Macht nirgendwo sonst finden können, als da, wo in uns die Anschauung eines Willens erweckt wird, der Gerechtigkeit und Güte ist." (44 f.)

Das ist der Kern der religiösen Erfahrung, die man als Weg zum Leben auch Erleben – man ist geneigt zu schreiben „Erleben" als Auf-leben – nennen kann. Diese Pointe der Religion, die sie in der Mitte des eigenen Personseins verortet, hat nun Konsequenzen für den Umgang mit der Religion und die Pflege der Religion in Theorie und Praxis.

Danach gilt, dass die gegenständlich anmutenden Vorstellungen von Gott in Gestalt dogmatischer Gottesbilder und dergleichen keine religiöse Verbindlichkeit besitzen; sie sind ja ihrerseits Ausdruck und Folge der Wirklichkeit Gottes im Glauben des Menschen, der die Mitte seiner Person ausmacht. Wenn daher machtvolle Bilder Gottes aufgeboten werden, die die Menschen beeindrucken sollen, so drohen diese vom wahren Sinn und der richtigen Form der göttlichen Präsenz im Menschen wegzuführen.

Diese scheinbare Beschränkung der Reichweite religiöser Vorstellungen hat nun keineswegs eine Minderung der religiösen Praxis zur Folge. Denn das Bewusstsein davon, durch Gottes Wirklichkeit erreicht worden zu sein, ist stets zu stärken und zu üben – so gewiss diese Verbindung mit Gott sich ereignen muß und nie in die Verfügung des Menschen eingeht. Es gibt deshalb die

> „Pflicht, daß wir das Unsichtbare, das wir als lebendig erfuhren und als uns rettende Macht ergriffen, anreden und darauf horchen, ob es nicht immer wieder uns durch das vernehmlich werden will, was aus

den Tiefen der Welt an uns herandringt. Dann klopfen wir an bei dem Verborgenen, das wir deshalb zu finden wissen, weil wir seine Macht in einem unvergleichlichen Erlebnis erfahren haben." (47)

Hören und Beten, darauf könnte man die elementaren Vollzüge religiöser Praxis nach Herrmanns Auffassung bringen.

Diese Zuspitzung der Religion aufs Erleben im Lebensvollzug der Menschen mündet aus in ein Bewusstsein von der andauernden Lebensbegleitung durch die Wirklichkeit Gottes. Sie ist daher nicht in irgendwelchen extravaganten Erschütterungen und Ausnahmesituationen zu finden, sondern sie ist „eben dies, was sich in dem Lebensgange jedes Menschen finden muß" (48).

Ganz am Ende seines Textes bündelt Herrmann noch einmal das Ergebnis seiner Überlegungen in zwei Thesen. Negativ gilt:

> „Wir finden also Gott nicht in derjenigen Wirklichkeit, die durch die Beweise der Wissenschaft schließlich vor jedem klaren Verstand erscheinen kann." (49)

Und positiv ist zu sagen:

> „Für jeden Menschen hat nur die von ihm selbst erlebte Geschichte eine entscheidende Bedeutung. In dieser Geschichte, in ihrer Not und in ihren Wundern kann er den auf ihn wirkenden Gott finden." (49 f.)

Es bleibt allerdings ein Problem unerörtert, dessen Bedeutung nur erst angezeigt wird. Wie verhält sich denn das Aufkommen der israelitisch-monotheistischen Konzentration auf die Wirklichkeit des einen Gottes und deren Bezug auf die Einheit der menschlichen Person, das sich in der Gegenwart als Forderung nach selbsterlebter Religion spiegelt und fortsetzt, zum Erscheinen und Auftreten Jesu Christi als des Offenbarers? Die Andeutungen Herrmanns besagen hier zweierlei: Es bedarf erstens einer Konzentration auf die Struktur des inneren Lebens, um für die Wirklichkeit Christi aufnahmefähig zu sein. Zweitens aber muss sich alle wahre Frömmigkeit einmal dessen innewerden, „daß sie des Erlösers Jesus Christus bedarf." (50)

Es ist, wie einleitend bemerkt, die Grenze dieses Textes aus dem Jahr 1914, dass das zweite Heft der geplanten Reihe, das sich der Christologie widmen sollte, nicht mehr verfasst worden ist. Eine Ausführung der hier gegebenen Andeutungen, die die Gestalt des Glaubens noch einmal verdeutlichen und vertiefen muss, ist daher an anderem Ort in Herrmanns Werk zu suchen. Wir widmen uns diesem Thema im Ausgang von dem zweiten Aufsatz dieser Ausgabe.

3. Der geschichtliche Christus der Grund unseres Glaubens

Halten wir zunächst die Frage fest, um deren Lösung es im Folgenden gehen wird. Es ist darum zu tun, dass und wie „sich der Mensch vor die Wirklichkeit Gottes gestellt weiß" (66). Das kann nur geschehen, wenn diese Wirklichkeit im Leben selbst gespürt und erlebt wird. Gewissheit kann nur „eine Tatsache bewirken, die der Einzelne selbst als ein entscheidendes Ereignis erlebt hat" (ebd.). In diesem Erleben kommen zwei Momente zusammen. Erstens ist der Ort des Erlebens mit der Verfassung des humanen Daseins strukturell gegeben. Er wird da erkannt, wo es um die Einheit und Stetigkeit des Lebens geht, welche sich aus seinen Weltkontakten nicht ergeben können. Zweitens ist das Erleben selbst geschichtlich; es ist von lebensgeschichtlich-individueller Besonderheit im Horizont der allgemeinen Religionsgeschichte. Als

Gegenüber und Auslöser dieser Erfahrung der Gewissheit der Wirklichkeit Gottes kommt Jesus Christus in Betracht. Darum also ist der geschichtliche Christus der Grund unseres Glaubens. Damit wird allerdings eine große und das Lebensgefühl bestimmende geistige Macht in die Erörterung eingeführt: die historische Methode als Zugangsweise zur geschichtlichen Wirklichkeit.

Zeitlich greifen wir mit diesem Text in eine frühere Phase der Theologie Wilhelm Herrmanns zurück und treten in einen anderen Debattenkontext ein. Die Schrift über die Wirklichkeit Gottes richtet sich dezidiert an ein breiteres Publikum; der Aufsatz über den geschichtlichen Christus bewegt sich innerhalb kontroverser Diskussionen, die in der Theologie um 1890 ausgetragen wurden. Gerade in diesem Kontext kann man aber sehen, wie das Christusverständnis Herrmanns in der Bearbeitung der Probleme der historischen Kritik seine Kontur gewinnt.

3.1 Die Autorität der Heiligen Schrift und die Gewissheit des Glaubens

Herrmanns Aufsatz geht eine Kontroverse voraus, die mit Rudolf Grau und Martin von Nathusius 1888 und 1889 in der Zeitschrift „Der Beweis des Glaubens" ausgefochten wurde. Diese Zeitschrift war als „Monatsschrift zur Begründung und Verteidigung der christlichen Wahrheit für Gebildete" im Jahr 1865 von Grau (1835–1893), ehemals Repetent an der Hessischen Stipendiatenanstalt in Marburg, nun Privatdozent in Marburg und später seit 1866 Ordinarius für neutestamentliche Exegese und Systematik in Königsberg, und Otto Zöckler (1833–1906), damals außerordentlicher Theologieprofessor in Gießen, seit 1866 Ordinarius für Kirchengeschichte in

Greifswald, zwei Schülern des Marburger Professors August Friedrich Christian Vilmar (1800–1868), gegründet worden. Sie hatte sich, wie der Titel zu verstehen gibt, der „Apologetik" gewidmet, das heißt in diesem Fall dem Widerstand gegen die vermeintliche Bedrohung des Glaubens durch die modernen Wissenschaften und die gesellschaftlichen Entwicklungen des 19. Jahrhunderts. Die Debatte in der Zeitschrift war von Martin von Nathusius (1843–1906), seinerzeit ebenfalls Greifswalder Theologieprofessor, eröffnet und von Grau fortgeführt worden, Herrmann hatte jedesmal geantwortet (vgl. die Nachweise im Anhang dieser Ausgabe).

Das positive Anliegen dieser sich selbst als „positiv" bezeichnenden theologischen Richtung bestand darin, dem Glauben seine Gewissheit nicht nehmen zu lassen, indem auf sichere Quellen des Glaubens verwiesen wurde, vor allem und entscheidend auf die Bibel als Heilige Schrift. Daher rückte die Frage der Verlässlichkeit und Verbindlichkeit der Bibel in das Zentrum der Argumentation. Dabei steht zur Debatte, wie deren Autorität gegen die vermeintliche Relativierung durch die historische Kritik gesichert werden kann, wenn sich die herkömmliche Inspirationslehre nicht mehr vertreten lässt. Graus dreimalige Intervention in den Gesprächsgang kommt dabei über die Behauptung der traditionellen Unerlässlichkeit biblisch-dogmatischer Rede für den innerkirchlichen Gebrauch nicht hinaus; es ist die Hoffnung auf eine religiöse Beharrungskraft der „Gemeinde", die sich gegen die Irritationen durch die Wissenschaft, insbesondere durch die historische Kritik, behauptet, auf die er sich beruft. Gehaltvoller ist die Argumentation, die sich bei v. Nathusius findet. Er weiß um die historische Abständigkeit der biblischen Überlieferung gegenüber dem modernen Bewusstsein, sieht aber eine Brücke aus der Gegenwart zu den Überlieferungen der Vergangenheit geschlagen durch den Heiligen Geist. Der Heilige Geist soll es bewirken, dass die ansonsten unverständlich bleibenden Traditionen der Bibel Eingang ins religiöse Bewusstsein, das heißt für ihn: in den kirchlichen Glauben, finden.

Es ist überraschend zu sehen, dass diese Positionen „positiver" Theologie sich auch heute noch in kirchlich verbreiteten Redeweisen wiederfinden. Sie liegen da vor, wo Widerstand gegen eine vermeintlich den Glauben zersetzende historische Wissenschaft laut wird; auch dort, wo es dem Heiligen Geist zugemutet wird, ein Verständnis für ansonsten unverständliche Sachverhalte bewirken zu sollen. Findet sich die erste Einstellung (auch, aber nicht nur) bei Anfängern im Theologiestudium, so wird von der anderen Floskel gern einmal am Ende von Predigten Gebrauch gemacht.

Herrmann ruft das sachliche Thema der Gewissheit in Erinnerung, ohne sich weiter auf die vorangegangene Debatte einzulassen. Denn es ist ihm an einer grundlegenden Erörterung der Gewissheitsfrage gelegen, indem er die Verbindlichkeit der Bibel mit der Verbindlichkeit der Christuserkenntnis zusammenbringt:

> „... wie werde ich dessen gewiß, daß ich einen gnädigen Gott habe? In der christlichen Kirche ist keine andere Antwort darauf möglich als: durch Jesus Christus. Aber diese Antwort treibt zu einer neuen Frage. Es fragt sich, wie wir gegenwärtig Jesus Christus als den Grund des Glaubens erfassen, daß es einen Gott gibt, der uns aus aller Not und Sünde herausführen will. Daß uns die h. Schrift dazu dient, ist für evangelische Christen selbstverständlich. Aber sie hilft uns nur, wenn wir sie richtig gebrauchen." (52)

Aus der Debattenlage ergibt sich die Gliederung des Aufsatzes. Zuerst geht es darum, die methodische Basis der historischen Wissenschaft in ihrer Bedeutung für die Religion, den gelebten und im Denken verantworteten Glauben, herauszuarbeiten (52–67). Sodann erfolgt die Begründung und Erläuterung der These, dass ungeachtet der strengen Konsequenz der historisch-kritischen Wissenschaft der geschichtliche Christus der Grund des Glaubens ist; dabei nimmt Herrmann auf eine im selben Jahr 1892 erschienene, später prominent gewordenen Schrift Martin Kählers (1835–1912) Bezug – auch Kähler war, wie Herrmann, ein Tholuck-Schüler (67–87). Den Abschluss bildet eine Auseinandersetzung mit zwei Kritikern Herrmanns, Adolf Oppenrieder (1817–1894), und Paul Ewald (1857–1911), die wenig sachliches Niveau aufbieten, bei der es Herrmann aber um den kirchlichen Gebrauch seiner Einsichten geht (87–100).

Die Kontroverse, in der Herrmann sich hier bewegt, ist sprechend für die Lage der deutschen evangelischen Theologie am Ende des 19. Jahrhunderts. Noch immer ist es die seit den 1870er Jahren entstandene „Schule" Albrecht Ritschls, die die Gemüter bestimmt; es geht um die Frage, ob und wie der christliche Glaube mit der modernen Welt zusammengehen kann, ohne sein Wesen und seine Wahrheit zu verlieren. Es ist für diesen Zusammenhang bezeichnend, dass Herrmann seinen Artikel für den zweiten Jahrgang der „Zeitschrift für Theologie und Kirche" verfasst hat, dem bei J. C. B. Mohr (Paul Siebeck) neu erscheinenden Organ der „Ritschl-Schule". Es wird daraus der programmatische Anspruch des Aufsatzes erkennbar, die halbherzige Dogmatik der „positiven" Theologie zu überwinden, dabei zugleich die Eigenart des Christlichen in der Moderne zu behaupten und auf einen angemessenen kirchlichen Gebrauch dieser Theologie zu dringen.

3.2 Die Autorität der Heiligen Schrift und die historische Kritik

Die historische Kritik ist selbst ein Moment der Geschichte. In ihr haben sich die Kräfte methodisch niedergeschlagen, die auch die Geschichte der Neuzeit insgesamt bestimmt haben. Es sind „die Siege der Industrie über die Naturkräfte" (53), zu denen die historische Kritik das Pendant bildet. Herrmann deutet hier einerseits die unwiderrufliche gesellschaftliche Macht an, die den Aufschwung der historischen Wissenschaft befördert hat; er lässt andererseits erkennen, dass es ein auf sich selbst bezogenes Eigeninteresse ist, welches sowohl in der Gesellschaft als auch in der historischen Wissenschaft am Werk ist.

Der Grundsatz moderner historischer Forschung heißt: Kritik, und ihr Werkzeug ist die Methode. Als Kritik unterzieht die historische Wissenschaft alle Überlieferungen der Prüfung auf ihre Herkunft – sowohl die Überlieferungen von Handlungszusammenhängen als auch diejenigen von Geltungsansprüchen. Dabei wird von den Grundsätzen Gebrauch gemacht, dass alles mit allem verbunden ist und dass es daher keine außergeschichtlichen Ursachen gibt. Diese Grundsätze sind es, die sich als Methode artikulieren, das heißt: als Verfahren, dem alles zu unterwerfen ist, was als Gegenstand geschichtlicher Erkenntnis wahrgenommen werden kann. Kritik setzt so eine Homogenität der Wirklichkeit voraus, die sich als Korrelation aller Ereignisse und Hervorbringungen darstellt.

Wichtig zu unterstreichen ist, dass die Kritik als Ausgangsintuition der historischen Wissenschaft einem Impuls der Freiheit – oder, deutlicher noch: der Befreiung – folgt. Denn die Rückverfolgung geschichtlicher Gegebenheiten, welche es auch sein mögen, auf ihre Ursprünge enthält in sich eine Infragestellung ihres Geltungsanspruchs. Wenn historische Hervorbringungen immer das Werk geschichtlicher Menschen sind, dann kann ihnen nicht eo ipso eine Geltung beigelegt werden, die gegenwärtige Menschen unmittelbar verpflichten müsste. Die Ansprüche müssen sich vielmehr vor dem gegenwärtigen Wahrheits- und Geltungsbewusstsein rechtfertigen. Die Durchführung der historischen Kritik und die Behauptung des eigenen Freiheitsanspruches gehen Hand in Hand.

Es versteht sich, dass diese Macht der historisch-kritischen Wissenschaft, im gesellschaftlichen Kontext als Methode etabliert, die herkömmliche Auffassung von der Bibel als einer Sammlung von Gott inspirierter Texte zerstört. Die Autorität der Bibel lässt sich nicht über ihre Herkunft behaupten.

Bedeutet das aber zugleich, dass der in der Kritik aktive Freiheitsimpuls auch schon das Ende des religiösen Bewusstseins darstellt, wie es sich im Christentum unter Bezug auf die Bibel artikuliert? Herrmanns entschiedene Behauptung lautet, dass das nicht der Fall ist; im Gegenteil: Er bemüht sich um den Nachweis, dass sich das neuzeitliche Freiheitsbewusstsein missversteht und sich um seinen Gewinn bringt, wenn es die religiöse Dimension des humanen Daseins ausblendet oder fehlbestimmt.

Was Herrmann auf diesen Seiten umreißt, ist nichts weniger als das Konzept des Historismus als Weltanschauung. Es handelt sich um eine aus der modernen Gesellschaft und den mit ihr verbundenen Wissenschaften entsprungene Geisteshaltung der Kritik im Namen der Autonomie. Sie hat sich als Methode entfaltet und bezieht sich darum auf alles in der Geschichte Gegebene. Dabei unterstellt sie die Homogenität aller geschichtlichen Sachverhalte, grenzt also im Interesse des eigenen Freiheitsstrebens übergeschichtliche Ansprüche auf verbindliche Autorität aus. Das ist, in den Grundzügen betrachtet, eine vorlaufende Skizze der Beschreibung der historisch-kritischen Methode, die Ernst Troeltsch acht Jahre später in seinem Aufsatz „Über historische und dogmatische Methode in der Theologie" (am besten zugänglich in: Ernst Troeltsch Lesebuch, hg. v. Friedemann Voigt, Tübingen 2003, 2–25) mit größerer Klarheit und höherer terminologischer Präzision gegeben hat. Kritik, Korrelation und Analogie, so heißen die drei Prinzipien, auf die Troeltsch die Arbeitsweise der historischen Wissenschaft gebracht hat. Die Kriterien der Kritik und der Korrelation finden sich der Sache nach bei Herrmann bereits deutlich artikuliert; was die Anwendung der Analogie angeht, so wäre zwischen Troeltsch und Herrmann zu unterscheiden. Wenn es nämlich unter diesem Gesichtspunkt um die Möglichkeiten des Verstehens – also das Verstehen der Vergangenheit im Kontext des gegenwärtigen Selbstverstehens – geht, so kommt für Herrmann eine Betrachtungsweise zum Zuge, die es ihm erlauben wird, im Bewusstsein der Triftigkeit der historischen Methode gleichwohl von der Geschichtlichkeit Christi als dem Grund des Glaubens zu sprechen.

Vor dem Hintergrund dieser Skizze schildert Herrmann die Genese der Historismus, seine Anwendung auf die Theologie sowie seine Konsequenz für das herkömmliche Verständnis der Bibel und der kirchlichen Lehre.

Herrmann ist sich des Sachverhaltes bewusst, dass die historische Weltanschauung nicht aus dem Glauben erwachsen ist, auch nicht etwa, wie bisweilen vertreten wird, aus der Reformation; in dieser Deutung ist Herrmann übrigens mit Troeltsch einig. Wohl aber sieht sich das evangelische Christentum der individuellen Gewissheit als Kriterium der Wahrheit – auch und zentral des Glaubens – verpflichtet. Und das bedeutet: Die evangelische Christenheit muss die jeweils aktuellen Bedingungen der Wahrheitserkenntnis mit ihrer religiösen Selbst- und Welterkenntnis verknüpfen; sie kann und muss diese historisch sich wandelnden Umstände gegebenenfalls kritisieren, darf sich aber ihnen gegenüber nicht prinzipiell verschließen. Das liefe nicht nur auf eine Weltfremdheit des evangelischen Christentums hinaus, sondern würde auch mit dem eigenen religiösen Prinzip der Gewissenhaftigkeit, die immer nur mit sich selbst übereinstimmend sein kann, brechen.

Wie immer man also die Genese des Historismus beschreiben mag – es gilt, diese Weltanschauung als umfassend anzuerkennen. Das bedeutet für die Theologie, dass die ganze Bibel der methodisch-kritischen Betrachtung unterworfen werden muss. Es gib keine Auswege und Schlupflöcher für religiös bedeutsame Gegebenheiten; auch die Auferstehung Jesu gehört zu den in diesem Sinne kritisch zu betrachtenden Überlieferungen. Die kritische Prüfung gilt dann ebenso für die kirchliche Lehre, also die Dogmatik, die etwa von der Gottessohnschaft Christi spricht. Sie entbehrt einer zwingenden Verbindlichkeit, ist sie doch von menschlichem Deutungsvermögen hervorgebracht.

Herrmanns Fazit für die herkömmliche Auffassung der Bibel besagt demnach, dass sie nicht als „Gesetzbuch religiöser Lehre" (59–61) zu gebrauchen ist. Religiöse Lehre nämlich verträgt, wenn sie auf Autorität aus ist, keine Kritik; und sie bedarf, um Kritik zu verhindern, eines Machtapparates, der sich durchzusetzen versteht. Mit dieser Beschreibung charakterisiert Herrmann das katholische Christentum. Hier wird eine autoritative Herkunft der Bibel beansprucht, die sich in der Kirche und ihrer Tradition fortsetzt und die schließlich vom autoritativen Lehramt gegenwärtig abgesichert werden soll. Diese Konstellation hat aber, wenn nicht eine Vergewaltigung des Gewissens, so doch eine Spaltung des Bewusstseins zur Folge, die für das evangelische Christentum unerträglich ist und der auch historisch keine Zukunft beschieden sein kann.

Auffällig ist nun, dass Herrmann unter den Gesichtspunkt religiöser Lehre, die das Bewusstsein binden soll, auch die Aufklärung einordnet. Was sie vom katholischen Christentum unterscheidet, ist das Insistieren auf dem Gewissen als Urteilsbasis für das eigene Selbstsein. Jedoch meinte sie, so deutet es Herrmann, die religiöse Überzeugung bereits durch die Darlegung des Verpflichtungscharakters des sittlichen Gesetzes erzeugen zu können. Dann wäre die Religion gewissermaßen ein strukturelles Moment des humanen Bewusstseins, das als solches auch allgemein nachweisbar sein müßte. Das stimmt aber nicht, denn

> „... auf beiden Seiten liegt der Irrtum vor, daß der Erwerb allgemeiner Gedanken von Gott, die man als wahr erkennt oder als wahr annimmt, die Religion herstelle." (65)

Wie aber läßt sich die Wahrheit der Religion, die ja individuell geltend, aber auch überindividuell nachvollziehbar sein muss, dann unter den Bedingungen des Historismus kritisch erringen?

In einem Exkurs schließt Herrmann die Möglichkeit aus, die Geltung der Heiligen Schrift im Ausgang vom frommen Bewusstsein zu begründen (56–59). Das wäre gewissermaßen die Umkehrung der alten Lehre von der Inspiration der Bibel durch den Heiligen Geist; es ist nun „der inspirierte Leser", der die Inhalte des Glaubens in ihr überzeugendes Recht setzt. Dafür bezieht sich Herrmann auf den Erlanger Theologen Franz Hermann Reinhold Frank (1827–1894), der in beeindruckender Weise die moderne Subjektivität als Rechtfertigung der christlichen Wahrheit auslegen wollte, indem er die „Wiedergeburt" als Quelle der überzeugenden religiösen Vorstellungen annahm. Herrmanns Kritik verfährt dabei empirisch, indem er fragt, ob man sich vorstellen kann, dass die im Horizont der Moderne sich vollziehende Wiedergeburt und Bekehrung tatsächlich dieselben Inhalte appropiert, die in der Bibel enthalten sind. Vermutlich dürfte es eher der Fall sein, dass traditionelle Restbestände der christlichen Religion als geheime Vorlage dafür in Gebrauch genommen werden, den Anschein der Einheit von eigener Religiosität und biblischer Frömmigkeit zu erzeugen. Weder nur von außen, also über den inspirierten Bibeltext, noch allein von innen, aus der frommen Subjektivität heraus, lässt sich unter den modernen Bedingungen die Geltung beanspruchende Autorität des Glaubens rechtfertigen. Es kommt vielmehr auf den Zusammenklang zwischen der subjektiven Disposition des Bewusstseins und der geschichtlichen Wirklichkeit der Religion an. Wie diese Übereinstimmung gedacht werden kann, ist die Frage, der Herrmann im systematischen Hauptteil des Aufsatzes nachgeht.

3.3 Die geschichtliche Autorität des inneren Lebens Jesu

Man kann den Titel des Aufsatzes als These verstehen: Der geschichtliche Christus ist der Grund unseres Glaubens. Was heißt das: Grund des Glaubens? Und wer ist dann der geschichtliche Christus?

Allein zureichender Grund des Glaubens ist es, dass „sich der Mensch vor die Wirklichkeit Gottes gestellt weiß" (66).

Vor Gott gestellt zu sein, bedeutet, von der Wirklichkeit Gottes so ganz und gar angegangen zu sein, dass die Wirklichkeit der eigenen Subjektivität von Gott umfangen und getragen ist. Diesen Vorgang nennt Herrmann „Offenbarung" (ebd.). Es handelt sich dabei um einen Vorgang in der eigenen Lebensgeschichte, einen Vorgang, der im Modus des Erlebens das Leben neu bestimmt und aufleben lässt. Nur als Eingang ins eigene Leben eines Menschen wird die Wirklichkeit Gottes als umfassend wirksam eingesehen; andernfalls bleibt Gott eine weltanschauliche Hypothese, die nach Kant nicht mehr theoretisch gerechtfertigt werden kann. Wenn aber Gott als Bestimmung der humanen Subjektivität verstanden wird, dann ist damit die Gewissheit des Bewusstseins unbedingt gegeben. Denn das Subjekt legt sich dann weder über seine innerweltlichen Aktivitäten noch in Gestalt eines unmittelbaren Selbstbezuges aus. Die Gewissheit des Glaubens muss daher unter neuzeitlichen Bedingungen konsequenterweise geschichtlich begründet werden. Daher ist auch Christus, auf dem der christliche Glaube ja beruht, geschichtlich zu denken.

Man kann insofern sagen, dass es gerade die neuzeitliche Geisteslage ist, die die Notwendigkeit der Geschichtlichkeit Jesu einsichtig macht. Christus war in der Geschichte des Christentums niemals eine übergeschichtliche Idee oder der Repräsentant einer ewigen Wahrheit und ist es bis heute nicht. Auch da, wo in der Geschichte der christlichen Theologie vom Wesen Christi die Rede war, wie etwa in der sog. Zwei-Naturen-Lehre, ging es immer nun um die Beschreibung des geschichtlichen Jesus Christus. Wenn man das aber eingesehen hat, dann wird man mit Herrmann der Frage nach der Geschichtlichkeit Christi unter den Bedingungen des modernen historischen Denkens durchaus gelassener gegenübertreten. Es ist nicht erst die historische Forschung, die der Theologie die Reflexion auf den geschichtlichen Christus abnötigt; diese gehört vielmehr zur Eigenart des Glaubens selbst.

Wer ist nun aber der geschichtliche Christus? Herrmann nimmt sich dieser Frage auf eine hermeneutisch sehr bedachte Weise an. Denn er geht von der Art und Weise aus, *wie* Christus verstanden wird, um dann zu ermitteln, *als was* Christus genau verstanden wird.

Darum setzt Herrmann mit dem Vorgang ein, in dem Menschen Christen werden. Es handelt sich beim Christwerden um einen lebensgeschichtlichen Bildungsprozess – das ist die Grundeinsicht. Darin wirken verschiedene Faktoren zusammen, die zur Befähigung nötig sind, das eigene Leben zu führen. Stets spielt dafür das kommunikative Umfeld eine Rolle, in dem Menschen aufwachsen, also sowohl die zwischenmenschlichen Begegnungen als auch die Übermittlung von Wissen, das zum Bestehen des Lebens nötig ist. Es gibt demnach – und das ist empirisch ja zutreffend – keine unmittelbar-kontextfreie Begegnung mit Christus in der Geschichte des eigenen Lebens.

In der Gesamtheit dieser Bildungsvorgänge ist es nun insbesondere die kirchliche Verkündigung, die zur Kenntnis von Christus und zur Begegnung mit ihm führt. In gewisser Weise scheint es so zu sein, dass „der geschichtliche Christus" tatsächlich der in der Geschichte bekannte und verkündigte Christus ist.

An dieser Stelle bezieht Herrmann eine seinerzeit neu erschienene Schrift Martin Kählers in seine Erörterungen ein. Kähler, damals Professor in Halle als Nachfolger August Tholucks, hatte in seiner Schrift „Der sogenannte historische Jesus und der geschichtliche, biblische Christus", die im 20. Jahrhundert eine erneute Rezeption erfuhr, eine wichtige Unterscheidung vorgenommen. Der „historische Jesus", so analysierte er, ist Jesus, wie er mit den Mitteln der historischen Kritik wahrgenommen wird. Der Maxime der Kritik entsprechend sucht diese Form der historischen Rekonstruktion des Lebens Jesu eine Wirklichkeit „vor" der neutestamentlichen Überlieferung. Dabei wird, dem Gedanken analogen Verstehens entsprechend, die so konstruierte Gestalt in den Zusammenhang allgemeinen Menschseins eingefügt. Allerdings ergibt sich daraus das Problem, wie man sich auf dieser Basis den Übergang zu den religiösen Prädikaten vorstellen soll, die die biblische Tradition verwendet hat, um die Eigenart Jesu zu beschreiben. Vor allem geht es dabei um die Frage der Gottheit Jesu.

Kählers erstes Argument gegen dieses Verfahren ist ein literarisches. Es besagt, dass die Quellenlage des Neuen Testaments keinen Rückgriff hinter die biblischen Deutungen ermöglicht; wir kennen alles, was wir von Jesus wissen können, nur aus solchen Dokumenten, die bereits von der religiösen Funktion Jesu ausgehen, die also „im Glauben" an Jesus verfasst wurden. Das ist zutreffend und hat zur Folge, dass jeder Versuch einer „historisch-neutralen" Jesus-Deutung mit eigenen Voraussetzungen hantiert, die vom gegenwärtigen Ausleger gesetzt werden. Damit wird aber die historische Jesus-Forschung von der jeweiligen Bewusstseinslage der Forscher abhängig – von dem, was sie individuell über Jesus denken oder was für sie als „religiös" gilt. Jesus wird dann etwa in eine Reihe von Persönlichkeiten der Religionsgeschichte eingestellt, mag man dabei an Propheten oder Religionsstifter denken – alles Kategorien der allgemeinen Religionsgeschichte. Dass diese nun der biblischen Deutung Jesu überlegen seien, ist allerdings ein modernes Vorurteil, das sich noch am ehesten über das kritische Selbstbewusstsein der historischen Forschung erklären lässt. Danach wäre die religiöse Deutung Jesu nicht selbst eine geschichtliche Tatsache, sondern die Zutat eines vormodern-religiösen Bewusstseins, für das heute keine Verbindlichkeit mehr beansprucht werden könnte.

Diese literarische Einsicht verbindet Kähler nun mit einer theologischen These: dass nämlich die neutestamentliche Deutung Jesu der geschichtliche Jesus selbst sei. Der kritische Bezugspunkt historischer Forschung, nämlich „Jesus selbst", wird auf diese Weise mit „Jesus, wie er im Glauben bekannt wird" identifiziert. „Es gibt den geschichtlichen Christus nicht anders als im Bekenntnis seiner Gemeinde", könnte man Kählers theologische Behauptung formulieren. Das ist nun freilich ein Problem. Denn damit würde – für diesen Fall – die historische Frage beschränkt und eine auch historisch anerkennungspflichtige Deutung an deren Stelle gesetzt. Doch nicht nur historisch-methodologisch, auch theologisch ist das ein unzureichendes Argument. Denn Kählers These kann nicht mehr plausibel machen, inwiefern es denn zum Glauben an Christus gekommen ist; das Dasein des Glaubens ist immer schon vorausgesetzt; das steht zudem sogar im Gegensatz zur Dynamik der neutestamentlichen Überlieferung selbst, bei der es um das Werden des Glaubens geht.

Vor allem aber erwächst aus Kählers positiver Auffassung die Schwierigkeit, dass sich die Verkündigung, die sich – in vermeintlich historisch gutem Gewissen – auf die biblischen Deutungen Jesu bezieht, diese als schon vorliegend unterstellen muss. Daraus folgt, dass sich die Hörer der Verkündigung eben auch nur zustimmend zu den Deutungen verhalten können, die sich in der Bibel bereits vorfinden. Damit wird aber, nach Herrmanns Kritik, der Glaube in eine unzulässige Abhängigkeit von fremden Deutungen versetzt.

Allerdings veranlassen Kählers Aufstellungen Herrmann nun zu einer entscheidenden Präzisierung seines eigenen Verständnisses vom geschichtlichen Christus. Man muss diese Präzisierung in zwei Schritte aufteilen. Der erste der beiden ist relativ einfach, aber folgenreich. Er besteht in der Einsicht, dass die neutestamentlichen Texte nicht eine irgendwie vorzustellende „Auswirkung" Jesu sind, sozusagen ein textlicher Abdruck seines Daseins, sondern dass sie den Charakter von Antworten auf die Existenz und das spezifische Leben Jesu darstellen. Man könnte den Sachverhalt auch so beschreiben, dass Jesus das Wort ist, auf das die neutestamentlichen Texte die Antwort geben. Diese Beschreibung kann man noch daraufhin zuspitzen, dass es zum Wesen Jesu gehört, dieses Wort zu sein, auf das diese Antwort erfolgt. Insofern gehört die Antwort, sowenig sie eine automatische Folge darstellt, zum Dasein Jesu selbst.

Die Folge, die sich daraus ergibt, stellt allerdings größere Ansprüche an eine genaue Entwicklung des Begriffs des geschichtlichen Christus. Die Antworten, die die neutestamentlichen Texte auf das Phänomen des geschichtlichen Christus geben, sind als Verweise zu verstehen, mit ihnen in die Richtung zu blicken, der sie sich verdanken. Was ist da zu sehen? Die Antwort darauf lautet: das „Bild des inneren Lebens Jesu" (80).

In unserem Aufsatz freilich hat Herrmann es noch nicht vermocht, diesen Begriff hinreichend klar zu fassen. Es lassen sich aber die drei Momente festhalten, aus denen er aufgebaut werden muss. Erstens können wir den Sinn der Antwort der biblischen Zeugen Jesu nur verstehen, wenn wir dieselbe Haltung der Beobachtung Jesu wie sie einnehmen können. Diese Haltung besteht darin, dass wir es, wie es die Verkündigung Jesu unwidersprechlich dartut, mit Gott zu tun bekommen. Wenn Jesus vom Reich Gottes spricht, dann meint er nicht ein ausstehendes moralisches Ideal, sondern eine an den Menschen herandringende Wirklichkeit. Offenheit für die Frage nach der Wirklichkeit Gottes, das ist das erste Merkmal.

Zweitens liegt nun der Begegnung der biblischen Zeugen mit Jesus die Erfahrung zugrunde, dass sie selbst nicht in der Lage sind, der Begegnung mit Gott standzuhalten. Wieder im Sprachspiel vom Reich Gottes ausgedrückt, heißt das: Wir sind nicht imstande, dieser von Gott kommenden Wirklichkeit mit einem Leben zu begegnen, das vor Gott gerecht ist. Vielmehr zieht der Gegensatz zwischen Gott und uns, beide voneinander trennend, tief ins Bewusstsein. Im Auftreten Jesu spricht sich dieser Gegensatz, zusammen mit der Notwendigkeit seiner Aufhebung, in den Zusagen der Sündenvergebung aus, die Jesus gegenüber den Sündern artikuliert, also gegenüber all denjenigen – de facto: allen –, deren Lebenswirklichkeit nicht mit Gottes Reich übereinstimmt.

Darüber kommt nun das dritte Merkmal ins Spiel. Nämlich die Tatsache, dass Jesus sich zur Vergebung der Sünden befugt sieht, also mit seiner Person das Wort verantwortet, welches die Wirklichkeit des Reiches Gottes gegen die menschliche Nicht-Entsprechung siegreich zum Zuge bringt. Wie sehr das seine Person insgesamt ausmacht, kann man in Jesu Tod erkennen, in welchem er sein gesamtes Dasein für die Durchsetzung dieses alles überwindenden Reiches Gottes einsetzt. Man kann dann, wenn man diese Rolle Jesu weiter ausführen will, über seine Person sagen, dass wir in ihm ebenso der strafenden Gerechtigkeit Gottes wie der rettenden Güte Gottes begegnen. In den Worten unseres Aufsatzes lautet daher das Fazit:

> „Wir glauben dann um Jesu willen an Gott und haben es dann ohne Weiteres vor Augen, daß Gott eben durch die Macht dieser geschicht-

lichen Größe alles niederlegt, was uns von ihm trennte, und uns zu sich heraufhebt. Mit der Erfahrung, daß Gott das an uns tut, beginnt das Reich Gottes im Herzen." (81)

Damit ist in der Tat der Begriff des geschichtlichen Christus hinreichend klar umrissen. Diese Aufstellungen vermögen uns jetzt zu helfen, den weiteren Schritt zum Begriff des inneren Lebens Jesu zu gehen.

Es steht außer Frage, dass die biblischen Texte des Neuen Testaments von Menschen verfasste geschichtliche Überlieferungen sind, die als solche auf das Auftreten Jesu reagieren; sie sind Antworten auf sein Wort. Diese Antworten beziehen sich nun aber ihrerseits auf ein geschichtliches Gegenüber, nämlich die historische Person Jesus von Nazareth. Für historische Personen gilt: Ihr Reden und Handeln müssen in einer Person zusammenhängen. Wie das jeweils geschieht, lässt sich für uns nicht nachempfinden; das bleibt, wie es auch im individuellen Leben eines jeden von uns der Fall ist, der Perspektive der Ersten Person, der je eigenen Ich-Perspektive, vorbehalten. Wir können aber damit rechnen, dass die verschiedenen Momente in einer historischen Gestalt auf dieselbe Weise zusammenhängen, wie das auch bei uns geschieht. Auch von unserem – so beschriebenen – inneren Leben haben wir ein Bild, sozusagen eine Repräsentanz unseres einheitlichen Daseins. Das kann und wird im Verlauf des Lebens seinen Gehalt ändern, und ganz erfassen können wir es niemals; es ist aber immer eine Lebensbegleitung, die uns unserer Subjekteinheit versichert. Wenn wir also einem anderen Menschen begegnen – direkt oder auch medial vermittelt, der Unterschied ist nicht fundamental –, dann unterstellen wir ihm wie selbstverständlich ein Bild seines inneren Lebens; und wenn wir auf ihn selbst reagieren und nicht nur auf vereinzelte Worte oder Handlungen, dann ist es in der Tat dieses von uns anzunehmende Bild seines inneren Lebens, auf das wir uns beziehen.

Das Bild des inneren Lebens Jesu nun besteht genau in der Einheit seines Redens und Tuns, auf die wir so reagieren, dass in uns das Vertrauen auf Gott erwächst. Denn indem wir es wahrnehmen als den Bezugspunkt der neutestamentlichen Antworten auf sein Dasein, baut sich auch in uns ein Verhältnis zu Gott auf, das dem Bild unseres eigenen inneren Lebens eine Beständigkeit und einen Zusammenhang gewährt, der anderswo nicht zu erringen ist. Denn im Angesicht des inneren Lebens Jesu sind es nicht mehr unsere Taten, ist es nicht unser unmittelbarer Selbstbezug, der uns der Einheit unseres Lebens versichert, sondern das Verhältnis zu Gott, gegenüber dessen Wirklichkeit wir unser Unvermögen bekennen und gleichzeitig in seine rettende Gemeinschaft versetzt sind. Das Bild des inneren Lebens Jesu prägt das Bild unseres inneren Lebens. So wie er darin lebt, so sind auch wir durch ihn in das Verhältnis des Vertrauens zu Gott aufgenommen und dadurch gerettet.

Unter dem geschichtlichen Christus, sagt Herrmann,

> „... verstehen wir den Christus, den uns die neutestamentliche Überlieferung als eine in ihrer geschichtlichen Wirklichkeit uns überzeugende Person erkennen läßt",

nämlich

> „die geschichtliche Wirklichkeit Jesu, die sich als solche dem Menschen allein aufdrängt, der, ratlos in seinem Verlangen nach Gott, sich hilfesuchend an die Überlieferung wendet, aus der für andere das Leben gequollen ist, das er auch haben möchte. Ein solcher Mensch findet im Neuen Testament den geschichtlichen Christus als etwas völlig Gewisses und als den Erlöser, der ihn in die Gegenwart Gottes stellt." (81 f.)

In der geschichtlichen Autorität des inneren Lebens Jesu wurzelt also der Grund der christlichen Gewissheit des Glaubens. Die Verkündigung der Kirche und die biblische Überlieferung zehren genau von diesem Grund. Die Verkündigung nimmt das Zeugnis der Bibel auf und vermittelt es – nicht als Vorschrift, die dort gegebenen Sichtweisen und Redeformen als die eigenen zu übernehmen, sondern als Hinweis und Anleitung, in der Begegnung mit dem inneren Leben Jesu selbst die Antwort zu geben, die aus dem Erleben der Einheit des eigenen Lebens in der Verbindung mit Gott erwächst. Genau und nur insofern provoziert die Verkündigung den Glauben. In diesem Verfahren wird auch die Autorität der Heiligen Schrift befestigt. Nicht als unmittelbar inspiriertes Wort, sondern als Sammlung der Antworten auf das in der Person Jesu gegebene Wort.

Wenn es aber dazu kommt, dass das Bild des inneren Lebens Jesu zu einer Erfassung des Bildes des eigenen inneren Lebens führt, dann folgen daraus ein neues Selbstverständnis ebenso wie eine Leitlinie des Handelns, also Glaube und Liebe. Von Christus her gilt dann für uns:

> „Wir sollen uns in jeder Lebenslage durch ihn zu Gott erheben lassen und wir sollen gesinnt werden wie er, damit wir in unserer besonderen Lage so handeln, wie er an unserer Stelle handeln würde." (84)

Damit ist der Ort angezeigt, von dem aus sich eine christliche Ethik entwickeln lässt.

Mit seinen Darlegungen zum geschichtlichen Christus, die in einer Theorie vom Bild des inneren Lebens Jesu kulminieren, hat Wilhelm Herrmann eine respektable Kritik des Historismus vorgelegt. Man kann sie folgendermaßen zusammenfassen: Die historische Kritik ist eine unwiderrufliche Errungenschaft der Moderne, die von gesellschaftlichen

Kräften getragen wird und in der sich das Autonomiestreben des neuzeitlichen Menschen artikuliert. Die Kritik verfährt so, dass sie alles, was in der Geschichte gegeben ist, auf seine Ursprünge und Wechselwirkungen hin untersucht und damit in einen großen Zusammenhang bringt. Der subjektive Impuls der Kritik und die objektive Weltanschauung der Korrelation entsprechen einander. Das ist die allgemeine methodische Basis des Historismus.

Es ist nun aber so – und damit beginnt Herrmanns metakritische Analyse des Historismus –, dass diese Art der Betrachtung der Geschichte von verstehenden Subjekten vorgenommen wird; und der Gegenstand ihrer Betrachtung sind Handlungen menschlicher Subjekte in ihrem natürlichen Umfeld.

Diese einfache Beobachtung führt nun zu zwei wichtigen Konsequenzen. Erstens nämlich muss es eine Gleichartigkeit zwischen den Handlungs- und den Forschungssubjekten geben, die überhaupt erst eine Verstehbarkeit von Geschichte ermöglicht. Es ist also mit einer strukturell identischen Verfassung der in der Geschichte lebenden Menschen zu rechnen, wie immer diese empirisch-weltanschaulich variieren mag. In der späteren hermeneutischen Philosophie hat man diesen Aspekt „Geschichtlichkeit" genannt und damit die Struktur benannt, von der in jedem geschichtlichen Verstehen immer schon Gebrauch gemacht wird.

Die zweite Konsequenz liegt in der Art und Weise, wie diese innere Struktur verstehender Menschen beschaffen ist. Es verhält sich nämlich so, dass jeglichen Äußerungen von Menschen in ihrem Reden oder Handeln eine Form humanen Daseins zugrundliegt, die in dem, was gesagt und getan wird, nicht aufgeht. Mit diesem Gedanken wird einerseits auf einen Überschuss verwiesen, der dem Subjekt im Vergleich mit seinen Äußerungen eigen ist; er zeigt sich darin, dass Menschen auch immer wieder anders reden und handeln können, als sie es zuvor taten. Andererseits taucht damit auch eine Spannung in der inneren Verfasstheit der humanen Subjektivität auf. Die Unmöglichkeit, sprechend und handelnd sein eigenes Wesen darzustellen, ist Ausdruck der Tatsache, dass das humane Subjekt sich selbst nicht besitzt, sondern in sich unüberwindbar gespalten ist. Diese Spaltung ist die Ursache für das vom Subjekt empfundene Sollen, also etwas zu müssen, was dem eigenen Wesen entspricht – und sich doch in den Handlungen, die dem Sollen entsprechen, nicht vollends haben zu können. Damit wird die Handlungseinheit des Subjekts nicht eliminiert; sie bleibt aber zugänglich nur als Bild des eigenen inneren Lebens. Eben diese Verfassung humaner Subjektivität, die sich redend und handelnd in der Welt äußert, ist nun aber auch – und zuhöchst – von der historischen Kritik wahrzunehmen. Wenn sich die historische Kritik dieser Aufgabe unterzieht, wird sie immer wieder mit dem Geheimnis der Individualität konfrontiert werden – und mit der Tatsache, dass es so etwas wie ein Verstehen der Individualität gibt, nämlich in der Weise, dass historische Selbstbilder – Bilder des inneren Lebens, in Herrmanns Terminologie gesprochen – das eigene Selbstbild mitprägen. Ein Historismus, der sich gegenüber diesen Konsequenzen verweigert, ist selbst inkonsequent und erweist sich als ein verkappter Naturalismus.

Diese Kritik Herrmanns erlaubt es nun aber, die Individualität Jesu – gefasst ins Bild seines inneren Lebens – als historische wahrzunehmen und sich gleichwohl von der Art und Weise der Existenz Jesu zutiefst anrühren lassen zu können. Unter modernen Bedingungen kann die Theologie nicht darauf verzichten, die Grundelemente des Glaubens in dieser

Weise der Metakritik der historischen Kritik darzulegen. Sich diesem Anspruch zu stellen, ist Herrmanns Anliegen in diesem programmatischen Text der „Zeitschrift für Theologie und Kirche".

3.4 Die Gewissheit des Glaubens und die kirchliche Verkündigung

Doch darf auch die andere Seite nicht zu kurz kommen, nämlich der Nachweis, dass diese Modernisierung des Christentums durchaus bereit und in der Lage ist, das Evangelium zu verkündigen. Genau das war ja Herrmann von verschiedener Seite vorgeworfen worden, darunter auch in zwei Texten, die sich an die Auseinandersetzung in der Zeitschrift „Beweis des Glaubens" anschlossen. Auf sie geht Herrmann am Ende seines Aufsatzes ausführlich ein – zweifellos mit der Absicht, den Ort aufzuweisen, an dem das Anliegen der Frömmigkeit auch von seiner eigenen theologischen Konzeption aus aufgenommen werden kann.

In der lutherisch geprägten „Neuen Kirchlichen Zeitschrift" hatte der bayerische Pfarrer Adolf Oppenrieder (1817–1894) die umfängliche Frage aufgeworfen: „Durch welche Darstellung Jesu Christi wird nach der Lehre Ritschlscher Schule der christliche Glaube erzeugt und durch welche nach Anweisung der Heiligen Schrift" (Neue kirchliche Zeitschrift 2, 1892, 312–349) – eine Frage, die bereits erkennen lässt, wie die Alternative zu bewerten ist. Das Anliegen ist, wie auch sonst in der „positiven" Theologie, dem Glauben eine hinreichende Gewißheit zu vermitteln. Für Oppenrieder sind es die Wunder Jesu, insbesondere seine Heilungen, die seinen Status als gottmenschliche Person tatsächlich bezeugen; Jesu Auferweckung kommt dann als das alle anderen überbietende und begründende Wunder hinzu. Diese Auffassung belegt Oppenrieder mit historisch unkritisch aneinandergereihten Bibelzitaten. Die Position der „Ritschlschen Schule", für die mit breiten Referaten Herrmann einsteht, macht nach seinem Urteil aus dem Christus, dessen Bedeutung in seiner Übernatürlichkeit liegt, einen einfachen Menschen, dem das Prädikat vollkommener Sittlichkeit beigelegt wird. Sofern die Sittlichkeit aber immer unter der Signatur des Sollens steht, ist sie auch unabschließbar und bleibt im Modus des Gesetzes.

Das Missverständnis Oppenrieders zeigt, wie ungewohnt für das kirchlich-religiöse Bewusstsein der Zeit Herrmanns Versuch ist, die geschichtliche Tatsächlichkeit nicht auf Begebenheiten, sondern auf subjektive Präsenz, auf das Durchscheinen der Person in ihren Handlungen, zu gründen. Zu Recht kann sich Herrmann gegen Oppenrieders Unterstellung verwehren. Ihr Ziel erreicht seine Argumentation freilich erst darin, dass er zu verstehen gibt, wie eine Verkündigung, die seiner Sichtweise folgt, aussieht.

Die entsprechenden Zeilen Herrmanns ließen sich zu einer kleinen Predigtlehre ausbauen. Ihr zufolge gibt es durchaus homiletische Redeweisen, die sich der biblischen Sprachformen, auch der Rede vom Wunder, bedienen – aber nicht als Voraussetzung, an die zu glauben wäre, sondern als Hinweis auf die in der Rede vom Wunder bezeugte persönliche Wirklichkeit des geschichtlichen Christus. Das schließt einen sehr genauen Umgang mit den neutestamentlichen Texten als Grundlage der Verkündigung ein; sie sind nicht selbst Gegenstand des Glaubens, sondern lenken den Blick der Hörer auf den Ursprung des Glaubens in Jesus Christus. Dass dieser Blick dann tatsächlich den Glauben begründet, ist in der Tat ein – sich im Erleben ereignendes, nicht gegenständlich zu fixierendes – Wunder.

"Jeder muß in seiner Weise auf dem Grunde des Glaubenszeugnisses, das ihn ergriffen hat, den geschichtlichen Christus finden, der allein es zur Entscheidung bringen kann, ob es auch in ihm zu der neuen Geburt des Glaubens kommen soll, der seines unzerstörbaren Grundes sich bewußt ist." (91)

Der damalige Wiener Universitätsprofessor Paul Ewald (1857–1911), seit 1894 Nachfolger seines Lehrers F. H. R. Frank in Erlangen, lässt in seiner Auffassung der „Tatsachen", die den Glauben begründen sollen, wenig Umsicht walten (Der „geschichtliche Christus" und die synoptischen Evangelien, Leipzig 1892, IV,35). Das Selbstbewusstsein Jesu, das ihm als Grund seines Wesens gilt, erschließt sich durch die im Neues Testament enthaltenen Selbstaussagen Jesu; es wird weder die literarische Gestalt und die Verfasserschaft der neutestamentlichen Texte reflektiert noch das Verhältnis zwischen möglicher Selbstaussage und der zugrundeliegenden Subjektivität. Er ist aufgrund dieser Aussagen „mehr als ein Mensch" (Ewald, S. 2). Herrmann kritisiert diese Auffassung von Tatsächlichkeit, die gegeben ist, ohne dass wir davon betroffen wären, als religiös belanglos und das Evangelium verzerrend. Insbesondere erweist sich die Wirklichkeit Gottes in ihrer Tatsächlichkeit darin, dass sie uns verwandelt; von der Steigerung eines bloßen Daseins Gottes zu seiner liebenden Selbstdahingabe kann daher keine Rede sein. Es gibt keine Gotteserkenntnis ohne eine Verwandlung des Menschen in seinem inneren Leben.

„Erlöst werden wir, wenn das persönliche Leben Jesu über uns Macht gewinnt, nicht aber dadurch, daß wir uns der Autorität eines Lehrgesetzes fügen, das uns eine Lehre über Christus darbietet." (100)

Die Tatsächlichkeit des Glaubens ist – als verwandelndes Geschehen im Menschen – von höherer Eindrücklichkeit als jedes mögliche äußere Gegebensein, zu dem man erst auf der Basis des allgemeinen Weltumgangs eine Beziehung aufbauen kann. Auch daraus erwächst eine homiletische Folgerung, nämlich die Verkündigung so anzulegen, dass diese innere Veränderung, die man Rettung nennen kann und muss, gesucht wird.

4. Die Wirklichkeit Gottes und die Geschichtlichkeit Jesu Christi. Ein Fazit

Die moderne Welt ist das gemeinsame Produkt der bürgerlichen Gesellschaft, der kapitalistischen Wirtschaft und der wissenschaftsbasierten Technik. Als solche stellt sie den in sich durchaus widersprüchlichen, insgesamt aber nicht negierbaren Rahmen aller kultureller Selbstverständigung dar. Dieser Rahmen macht sich daher als moderne Weltanschauung geltend. Wilhelm Herrmann hat diese Lage der Moderne erkannt und in ihrer Unwiderruflichkeit anerkannt.

Die Moderne stellt sich als eine enorme Herausforderung der traditionellen christlichen Religion heraus. Der Vorrang der Naturbeherrschung in Wissenschaft und Technik kritisiert das überlieferte Verständnis der Natur als gegebene Schöpfung. Die bürgerlichen Mitwirkungsansprüche an der Gestaltung der Gesellschaft unterhöhlen überkommene Autoritätsverhältnisse. Das naturwissenschaftliche Bewusstsein findet keinen Platz für die Wirklichkeit Gottes als Grund der Welt. Die Geschichtswissenschaft kennt nur umfassende Abhängigkeiten und Wechselwirkungen.

Die christliche Religion und ihre Reflexion durch die Theologie bleiben der Aufgabe verpflichtet, das im Evangelium angezeigte Heil, die Rettung der Menschen durch Gott, auch unter diesen Umständen zu bezeugen. Dafür stehen grundsätzlich drei Optionen zur Verfügung: Die erste ist der Widerstand gegen die vermeintlich zersetzende, alles relativierende Moderne. Die zweite ist der Versuch, mit theologischen Mitteln eine alles umgreifende Deutung der Wirklichkeit insgesamt in Gestalt einer überlegenen, Wissenschaft und Religion integrierenden Weltanschauung zu entwerfen. Die dritte Option besteht darin, die gesellschaftliche und wissenschaftliche Lage der Moderne als Anstoß zu werten, die christliche Religion tiefer und genauer zu bedenken, als es zuvor möglich und nötig war. Wilhelm Herrmann hat sich für diesen dritten Weg entschieden, weil er die Undurchführbarkeit der vorgenannten Konzepte erkannt hat.

Die erste Option scheitert, weil es zur Moderne keine gesellschaftliche Alternative gibt; erst recht ist ein Zurückdrehen der Geschichte ausgeschlossen. Die zweite Option scheitert, weil die theologischen Konstrukte nicht nur von den erfolgreichen Wissenschaften abgelehnt werden oder unbeachtet bleiben, sondern sich auch mit dem von den Wissenschaften geprägten Allgemeinbewusstsein nicht verbinden lassen. Beide Versuche vermögen den gegenwärtigen Menschen keinen Raum für die Entfaltung ihres Glaubens als feste Gewissheit im Zusammenhang der Welt zu geben.

Mit seinem Weg schließt sich Wilhelm Herrmanns an eine Konstellation an, in der bereits zuvor eine Transformation der christlichen Religion erfolgt war, nämlich die Reformation. Herrmann sieht in Luther weniger einen genialen und innovativen Theologen als einen authentischen und sensiblen Frommen, der es vermocht hatte, den Sinn des Christentums tiefer zu erfassen, als das zuvor der Fall gewesen war. Damit war nicht ausgeschlossen, dass sich die Wahrheit von Luthers Sichtweise im Rückblick auch in früheren Darstellungsformen des Christentums finden ließ. Allerdings verlangte Luther eine Anerkennung seiner Umbildung der christlichen Religion als zutreffende Auslegung des Evangeliums, was ihm von Rom bekanntlich verwehrt wurde.

Für Herrmanns Umformung der christlichen Religion gilt der Grundsatz, dass die moderne Wendung des wissenschaftlichen, technischen und historischen Bewusstseins von seiten des christlichen Glaubens nicht nur bejaht werden kann; die Religion gibt diesem Bewusstsein erst seinen tiefsten Grund zu verstehen; das religiöse Bewusstsein ist dann aber auch in der Lage, sich ganz auf die Erfordernisse und Chancen der modernen Welt einzustellen.

Herrmann folgt der Wissenschaft darin, dass er für die Wirklichkeit Gottes keinen Platz im Zusammenhang der Welt im ganzen aufbietet. Gottes umfassende Wirklichkeit erschließt sich vielmehr dem Bewusstsein, welches für die Erfassung der Welt im ganzen zuständig ist. Wenn es zur Signatur der Moderne gehört, Wissenschaft als Tätigkeit desjenigen Bewusstseins zu verstehen, welches sein Erkenntnisinteresse auf die Welt richtet, dann lenkt gerade die Wahrnehmung des religiösen Grundes des Bewusstseins die Aufmerksamkeit dorthin, wo die Vorstellung von der Ganzheit der Weltwirklichkeit entsteht.

Entsprechend verhält es sich mit dem historischen Bewusstsein. Auch in diesem Falle ist die Auffassung der Ganzheit der Geschichte und der Korrelationen alles Einzelnen in ihr ein Produkt des betrachtenden Bewusstseins. Dieses muss sich aber, so lautet Herrmanns kritische Fortführung, seinerseits kritisch betrachten, also alle Aufbaumomente des eigenen historischen Daseins wahrnehmen – dabei vor allem auf die innere Struktur der Verlässlichkeit und Verbindlichkeit achten.

Dann zeigt sich nämlich, was die beiden hier versammelten Texte ausführlich darlegen, dass die Wirklichkeit Gottes den festen Grund humanen Selbstseins in der endlichen Welt darstellt. Damit wird nicht nur die Wirklichkeit Gottes unter modernen Bedingungen gerechtfertigt; es bleibt zugleich der Grund der Gewissheit des Glaubens gelegt. Und es zeigt sich, dass die Geschichtlichkeit Jesu Christi in seinem inneren Leben wurzelt, welches sich nicht aus Handlungen und Verhaltensweisen herleiten lässt, sondern ihnen zugrunde liegt.

Herrmanns theologische Option lebt nun allerdings von einer Voraussetzung, die er mit der Moderne für gegeben hält, nämlich die Tatsache, dass die modernen Menschen sich selbst ernst nehmen. Die Konzentration auf das Subjekt – genauer: die eigene Subjektivität, noch genauer: die eigene Individualität – gilt Herrmann als Leitanschauung der Moderne. An diese Weise der Selbstauffassung schließt alles an, und an ihr kann und muss sich auch die Theologie ausrichten.

In Herrmanns Sicht ist es die Reformation, die mit ihrem Dringen auf die individuelle Wirklichkeit des Glaubens den Weg öffnete, auch auf die modernen Konstellationen des Bewusstseins einzugehen. Sich selbst ernst zu nehmen, das kann man als die Funktion des „Gesetzes" in der reformatorischen Theologie beschreiben, und in der Tat verfolgen Herrmanns Versuche, sich auf die Beschreibung des „inneren Lebens" einzustellen, diese Intention. Wer sich selbst ernstnimmt, der hat gute Aussichten, auch das „Evangelium" zu vernehmen, nämlich die Wirklichkeit des geschichtlichen Christus zu erleben, indem ihm das Bild des inneren Lebens Jesu aufscheint. Herrmanns Umformung des Christentums lässt sich in dieser Sicht als genaue Konsequenz des reformatorischen Verständnisses des Christentums, als eine Neuinterpretation der reformatorischen Zentralkategorien von „Gesetz und Evangelium" deuten.

Dabei wird jedoch zugleich ein offenes Problem sichtbar. Denn wie steht es mit Menschen, die sich „nicht ernst nehmen"? Wie steht es mit denen, die nicht willens oder nicht in der Lage sind, sich selbst als verantwortlich zu erkennen? Zu denen bleibt der christlichen Religion der Zugang versperrt.

Herrmann kann sich – in seiner historischen Situation – solches nicht vorstellen. In der Tat aber scheint es in der aktuellen Geschichte der Moderne eine – gesellschaftstheoretisch zu rekonstruierende – Tendenz zu geben, die sich selbst ernst nehmende Individualität zu schwächen oder zu beschädigen. Sei es, dass eine unmittelbar mit sich identische Individualität proklamiert wird, die sich eben selbst nicht mehr kritisch betrachten muss; sei es, dass den Einzelnen vorgespiegelt wird, es sei besser, im Ganzen oder in der jeweiligen partikularen, aber individuelle Identität verbürgenden Gruppe unterzugehen. Dann entfällt zwar das wesentliche gesellschaftliche Leitprinzip der Moderne in der Folge ihres eigenen Selbstwiderspruchs – es verschwindet aber zugleich auch die theologische Fortbildung des Christentums, wie sie Herrmann vorgenommen hat.

Dieser neuen Lage kann man sich nur stellen, wenn es gelingt, die Genese des „Sich-ernst-Nehmens" ganz elementar anthropologisch zurückverfolgen, sie nämlich von den Sprachvollzügen des Anredens und Antwortens her zu rekonstruieren. Dann könnte man zeigen, daß eine jegliche humane Gesellschaft davon lebt, daß sich im Modus von Anrede und Antwort diejenige Verläßlichkeit aufbaut, ohne die intersubjektive Kommunikation und gesellschaftliche Stabilität überhaupt nicht zu haben sind. Wilhelm Herrmanns Theologie in diesem Sinne fortzuschreiben, bleibt eine zukünftige Aufgabe.

C
Anhang

ANHANG

1. Zu dieser Ausgabe

Die Quellen dieser Ausgabe sind:

Wilhelm Herrmann, Die christliche Religion unserer Zeit. Teil 1: Die Wirklichkeit Gottes, Tübingen: J. C. B. Mohr (Paul Siebeck) 1914, 48 S. [Angekündigt, aber nicht erschienen: Teil 2: Jesus Christus und die christliche Gemeinde; Teil 3: Unser Glaube]

Wilhelm Herrmann, Der geschichtliche Christus der Grund unseres Glaubens, in: Zeitschrift für Theologie und Kirche [ZThK] 2, Heft 3, Freiburg: Akademische Verlagsbuchhandlung von J. C. B. Mohr (Paul Siebeck) 1892, S. 232–273.

Die deutsche Rechtschreibung hat zwischen 1876 und 1901 eine Reform erfahren. Herrmann hat seine Publikationen dieser Reform angepaßt. Daher ist in dieser Ausgabe der Text von 1892 auf Herrmanns letzte Schreibweise umgestellt worden. Eigenheiten der (eher rhetorisch zu verstehenden) Kommasetzung sowie der Groß- und Kleinschreibung sind beibehalten worden.

2. Von Herrmann erwähnte Literatur

August Wilhelm Dieckhoff, Die Inspiration und Irrtumslosigkeit der heiligen Schrift, Leipzig 1891.

Paul Ewald, Der „geschichtliche Christus" und die synoptischen Evangelien, Leipzig 1892.

Franz Hermann Reinhold Frank, System der christlichen Wahrheit, Erlangen ²1885–1886.

Franz Hermann Reinhold Frank, System der christlichen Gewißheit, Erlangen ²1881–1884.

Franz Hermann Reinhold Frank, Der Subjektivismus in der Theologie und sein Recht, in: Neue kirchliche Zeitschrift 2, 1891, 527–575.

Johannes Gottschick, Die Kirchlichkeit der sog. Kirchlichen Theologie, Freiburg 1890.

Rudolf Grau, Zur theologischen Darstellung des Glaubens als der christlichen Erfahrung, in: Der Beweis des Glaubens 25, 1889, 241–261.

Rudolf Grau, Vom christlichen Glauben, in: Der Beweis des Glaubens 25, 1889, 441–468.

Rudolf Grau, Über den Begriff des Glaubens, in: Der Beweis des Glaubens 26, 1890, 81–97.
Erich Haupt, Die Bedeutung der heiligen Schrift für den evangelischen Christen, Bielefeld 1891.
Wilhelm Herrmann, Zur theologischen Darstellung der christlichen Erfahrung, in: Der Beweis des Glaubens 25, 1889, 173–184.
Wilhelm Herrmann, Der Streitpunkt in betreff des Glaubens erörtert, in: Der Beweis des Glaubens 25, 1889, 361–378.
Wilhelm Herrmann, Grund und Inhalt des Glaubens, in: Der Beweis des Glaubens 26, 1890, 81–97.
Wilhelm Herrmann, Die Gewißheit des Glaubens und die Freiheit der Theologie, Freiburg ²1889.
Wilhelm Herrmann, Der Begriff der Offenbarung, Gießen 1887.
Wilhelm Herrmann, Warum bedarf unser Glaube geschichtlicher Tatsachen? Halle ²1891.
Julius Kaftan, Die Wahrheit der christlichen Religion, Basel 1888.
Martin Kähler, Der sogenannte historische Jesus und der geschichtliche, biblische Christus, Leipzig 1892 [Neuausgabe hg. von Ernst Wolf, Theologische Bücherei 2, München ³1961].
Christoph Ernst Luthardt, Kompendium der Dogmatik, Leipzig ²1882.
Leopold Maximilian Moltke, Trauer- und Trost-Sonette auf den ersten Kaiserthronwechsel im neuen Deutschen Reich, Leipzig 1888.
Martin von Nathusius, Zur theologischen Darstellung der christlichen Erfahrung, in: Der Beweis des Glaubens 25, 1889, 3–14.
Martin von Nathusius, Das Wirken des erhöhten Christus in seiner Gemeinde, in: Der Beweis des Glaubens 25, 1889, 401–412, 469–482.
Adolf Oppenrieder, Durch welche Darstellung Jesu Christi wird nach der der Lehre Ritschlscher Schule der christliche Glaube erzeugt und durch welche nach Anweisung der heiligen Schrift?, in: Neue kirchliche Zeitschrift 2, 1891, 312–349.

3. Namen

Dieckhoff, August Wilhelm (1823–1894), seit 1860 Professor für historische Theologie in Rostock.
Ewald, Paul (1857–1911), Professor für neutestamentliche Theologie in Wien,

seit 1904 Professor für Dogmatik und neutestamentliche Exegese in Erlangen.

Frank, Franz Hermann Reinhold (1827–1894), seit 1857 Professor für Kirchengeschichte und systematische Theologie in Erlangen.

Gottschick, Johannes (1847–1907), 1882 Professor für Praktische Theologie in Gießen, seit 1892 in Tübingen.

Grau, Rudolf (1835–1893), seit 1867 Professor für Neues Testament in Königsberg.

Harnack, Adolf von (1851–1931), 1879 Professor für Kirchengeschichte in Gießen, 1886 in Marburg, seit 1888 in Berlin, dort auch Generaldirektor der Königlichen Bibliothek (seit 1905) und Präsident der Kaiser-Wilhelm-Gesellschaft (seit 1911).

Haupt, Erich (1841–1910), Professor der neutestamentlichen Exegese, 1878 in Kiel, seit 1882 in Greifswald, seit 1888 in Halle, dort 1878 ordentlicher Professor für Systematische Theologie und Neues Testament.

Jülicher, Adolf (1857–1938), seit 1889 Professor für Neues Testament und Kirchengeschichte in Marburg.

Kaftan, Julius (1848–1926), 1881 Professor für Dogmatik und Ethik in Basel, seit 1883 in Berlin.

Kähler, Martin (1835–1912), 1864 Extraordinarius für Neues Testament und Systematik in Bonn, seit 1867 in Halle.

Lotze, Rudolf Hermann (1817–1881), 1844 Professor für Philosophie in Göttingen, seit 1880 in Berlin.

Luthardt, Christoph Ernst (1823–1902), 1854 außerordentlicher Professor für Dogmatik und Exegese in Marburg, seit 1856 o. Professor in Leipzig.

Moltke, Leopold Maximilian (1819–1894), Dichter, Sprachforscher und Bibliothekar, zuletzt in Leipzig.

Nathusius, Martin von (1843–1906), Pfarrer und seit 1888 Professor für Praktische Theologie in Greifswald.

Oppenrieder, Adolf (1817–1894), seit 1858 Pfarrer in Vestenberg (Landkreis Ansbach).

Pfleiderer, Otto (1839–1908), 1870 Professor für Praktische Theologie in Jena, seit 1875 Professor für Systematische Theologie in Berlin.

Ritschl, Albrecht (1822–1889), 1846 Privatdozent für Geschichte der Alten Kirche, 1852 Professor für Neues Testament in Bonn, seit 1864 Professor für Dogmatik und Kirchen- und Dogmengeschichte in Göttingen.

Siebeck, Paul (1855–1920), Verleger des Verlags J. C. B. Mohr (Paul Siebeck), 1880 in Freiburg, seit 1899 in Tübingen.

Tholuck, Friedrich August Gottreu (1799–1877), 1823 Professor für Altes Testament in Berlin, seit 1825 Professor für Neues Testament in Halle.

Troeltsch, Ernst (1865–1923), 1892 Professor für Systematische Theologie in Bonn, 1894 in Heidelberg, seit 1915 Professor für Religions-, Sozial- und Geschichts-Philosophie und christliche Religionsgeschichte an der Philosophischen Fakultät Berlin.

4. Hinweise zur Weiterarbeit

Wer sich intensiver mit der Theologie Wilhelm Herrmanns beschäftigen möchte, dem sei empfohlen, zunächst die „Ethik" (^{1}1901, ^{6}1921) zu studieren. Herrmann folgt darin einem an der Subjektivität der Leser orientierten Weg zum Glauben, der sich im Handeln ausdrückt. Dieses Buch führt ins Zentrum der Theologie Herrmanns.

Die „Ethik" setzt dabei in den Passagen, die sich auf die sittlich verbindliche Weltsicht konzentrieren, die Ausführungen voraus, die sich in Herrmanns erstem Hauptwerk „Die Religion im Verhältnis zum Welterkennen und zur Sittlichkeit" von 1879 zur Kritik des Naturalismus finden. Herrmanns Kritik stellt auch für die heutigen Diskurse über den Naturalismus eine tragfähige Grundlage bereit.

Diejenigen Argumentationen der „Ethik", die die Begründung des Glaubens auf die Geschichtlichkeit Jesu Christi leisten, haben ihre Vorläufer in Herrmanns Buch „Der Verkehr des Christen mit Gott im Anschluß an Luther dargestellt" (^{1}1886, ^{7}1921). Hier finden sich auch weitere Überlegungen zum Problem des Historismus. Zudem kann dieses Buch als Vertiefung der von Albrecht Ritschl angeregten neuen Luther-Rezeption gelesen werden, die sich auf die religiösen Grundlagen der Reformation konzentriert; eine Sichtweise, die später in der sog. Luther-Renaissance breit ausgeführt wurde.

Zu Herrmanns Verständnis der Dogmatik empfehlen sich die Aufsätze „Die Lage und Aufgabe der evangelischen Dogmatik in der Gegenwart" (ZThK 17, 1907, 1–33.172–201.315–351) sowie „Christlich-protestantische Dogmatik", in: Die Kultur der Gegenwart. Ihre Entwicklung und ihre Ziele, hg. v. Paul Hinneberg, Teil I, Abt. IV: Die christliche Religion mit Einschluß der israelitisch-jüdischen Religion, 2. Hälfte, 2. Aufl. Berlin/Leipzig: Teubner 1909, 129–180.

ANHANG

Alle genannten Titel erscheinen neu in der Wilhelm-Herrmann-Studienausgabe (WHS) bei Mohr Siebeck. Den Anfang macht Herrmanns Ethik, Tübingen 2023.

Noch immer von Bedeutung ist die Einleitung von Peter Fischer-Appelt zu seiner Auswahlausgabe von Aufsätzen Wilhelm Herrmanns: Wilhelm Herrmann, Schriften zur Grundlegung der Theologie, 2 Bde., Theologische Bücherei 36, München: Christian Kaiser Verlag 1966–1967, hier: Bd. I, XV–LI.

Bleibend wertvoll auch:

Peter Fischer-Appelt, Metaphysik im Horizont der Theologie Wilhelm Herrmanns. Mit einer Herrmann-Bibliographie, Forschungen zur Geschichte und Lehre des Protestantismus, Zehnte Reihe, Bd. 32, München: Christian Kaiser Verlag 1965. [Bibliographie der Werke Herrmanns und der Sekundärliteratur bis 1965]

Aus der jüngeren gegenwärtigen Herrmann-Forschung beachtlich:

Joachim Weinhardt, Wilhelm Herrmann in der Ritschlschen Schule, Beiträge zur historischen Theologie 97, Tübingen: Mohr Siebeck 1996.

Brent W. Sockness, Against false apologetics. Wilhelm Herrmann and Ernst Troeltsch in conflict, Beiträge zur historischen Theologie 105, Tübingen: Mohr Siebeck 1998.

Rainer Mogk, Die Allgemeingültigkeitsbegründung des christlichen Glaubens. Wilhelm Herrmanns Kant-Rezeption in Auseinandersetzung mit den Marburger Neukantianern, Theologische Bibliothek Töpelmann 106, Berlin/New York: de Gruyter 2000.

Christophe Chalamet, Dialectical theologians: Wilhelm Herrmann, Karl Barth, and Rudolf Bultmann, Zürich: Theologischer Verlag Zürich 2005.

Christoph Herbst, Freiheit aus Glauben. Studien zum Verständnis eines soteriologischen Leitmotivs bei Wilhelm Herrmann, Rudolf Bultmann und Eberhard Jüngel, Theologische Bibliothek Töpelmann 157, Berlin/Boston: de Gruyter 2012.

Ruth Görnandt, Die Metaphysikkritik Gerhard Ebelings und ihre Vorgeschichte, Beiträge zur historischen Theologie 180, Tübingen: Mohr Siebeck 2016.

Zur systematischen Information:

Dietrich Korsch, Glaubensgewißheit und Selbstbewußtsein. Vier systematische Variationen über Gesetz und Evangelium, Beiträge zur historischen Theologie 76, Tübingen: Mohr Siebeck 1989.

Dietrich Korsch, Der unvollendete Abschied von der Metaphysik: Wilhelm Herrmann, in: Jörg Lauster / Bernd Oberdorfer (Hg.), Der Gott der Vernunft. Protestantismus und vernünftiger Gottesgedanke, Religion in Philosophy and Theology 41, Tübingen: Mohr Siebeck 2009, 253–267.

Dietrich Korsch, Ein durch Christus vermittelter Verkehr der Seele mit dem lebendigen Gott. Die Individualität des Glaubens und die Objektivität Gottes bei Wilhelm Herrmann, in: Hermann Deuser/Saskia Wendel (Hg.), Dialektik der Freiheit. Religiöse Individualisierung und theologische Dogmatik, Religion in Philosophy and Theology 63, Tübingen: Mohr Siebeck 2012, 128–138.

Dietrich Korsch, Vertrauen stiften in der Krise der Sittlichkeit. Der Begriff der Religion bei Wilhelm Herrmann, in: Georg Pfleiderer/Harald Matern (Hg.), Die Religion der Bürger. Der Religionsbegriff in der protestantischen Theologie vom Vormärz bis zum Ersten Weltkrieg, Tübingen: Mohr Siebeck 2021, 644–657.

Materialien zur Herrmann-Forschung finden sich auch auf der Homepage der Wilhelm-Herrmann-Gesellschaft (https://www.uni-marburg.de/fb05/fachgebiete/institute-und-einrichtungen/wilhelm-herrmann-gesellschaft).

Neu publizierte Quellen:

Albrecht Ritschl – Wilhelm Herrmann, Briefwechsel 1875–1889, hg. v. Christophe Chalamet, Peter Fischer-Appelt und Joachim Weinhardt, Tübingen: Mohr Siebeck 2013.

Wilhelm Herrmann, Religion und Geschichte im evangelischen Christentum. Olaus-Petri-Vorlesungen, gehalten an der Universität Uppsala, hg. v. Dietz Lange und Frank Pritzke, Kamen: Spenner 2021.

5. Zeittafel

6.12.1846 Johann Georg Wilhelm Herrmann wird als Sohn des Pfarrers Johann Wilhelm Herrmann und seiner Frau Rosalie in Melkow bei Jerichow (Altmark) geboren.

bis 1866 Schulbesuch, zuletzt Gymnasium Stendal

ANHANG

1866–1871	Studium der Theologie in Halle/S.; Hilfskraft („Amanuensis") bei August Tholuck
1870/71	Teilnahme am Deutsch-Französischen Krieg. Erstes Theologisches Examen
1871–1874	Hauslehrer in Unseburg (Kreis Wanzleben)
1874–1877	Lehrer am Stadtgymnasium Halle
1875	Promotion zum Lic. theol. und Habilitation mit der Studie *Gregorii Nysseni sententiae de salute adipiscienda* (Die Lehre des Gregor von Nyssa über das Erstreben des Heils)
1875	Brief an Albrecht Ritschl und Anschluß an dessen Theologie
1876	*Die Metaphysik in der Theologie*
1877	Privatdozent in Halle
1879	*Die Religion im Verhältnis zum Welterkennen und zur Sittlichkeit*
1879	ordentlicher Professor für Systematische Theologie an der Universität Marburg
1880	Dr. phil. h.c. und Dr. theol. h.c. Universität Marburg
1881–1910	Ephorus der Hessischen Stipendiatenanstalt
1885	Heirat mit Emilie Bergmann
1886	*Der Verkehr des Christen mit Gott im Anschluß an Luther dargestellt*
1890	Rektor der Universität Marburg
1892	*Der geschichtliche Christus der Grund unseres Glaubens*
1901	*Ethik*
1904	Dr. legum der Universität Chicago
1908	Ernennung zum Geheimen Konsistorialrat
1911	D. theol. der Universität Christiania (Oslo)
1914	*Die Wirklichkeit Gottes*
1916	Dr. jur. h.c. Universität Marburg
1917	Emeritierung
1918	*Die Religion unserer Erzieher*
2.1.1922	Wilhelm Herrmann stirbt in Marburg. Begräbnis auf dem Ockershäuser Friedhof.
1925	*Dogmatik*, hg. v. Martin Rade

Reihenübersicht »Große Texte der Christenheit«

In loser Folge möchte die Reihe wirkmächtige Texte der christlichen Literatur edieren und mit einem erläuternden Kommentar für die Gegenwart erschließen. Es werden Texte aufgenommen, die die gedankliche Klarheit des Glaubens für interessierte Christenmenschen fördern wollen und die alle kennen sollten, die sich heute über das Christentum äußern.

Bereits erschienene Bände:

Martin Luther
Von der Freiheit eines Christenmenschen
Herausgegeben und kommentiert von Dietrich Korsch
Große Texte der Christenheit (GTCh) | 1
176 Seiten | Paperback | 12 x 19 cm
ISBN 978-3-374-04259-3 | EUR 9,90 [D]
eISBN (PDF) 978-3-374-04443-6 | EUR 8,99 [D]

Dietrich Bonhoeffer
Theologische Briefe aus »Widerstand und Ergebung«
Herausgegeben und kommentiert von Thorsten Dietz
Große Texte der Christenheit (GTCh) | 2
184 Seiten | Paperback | 12 x 19 cm
ISBN 978-3-374-05011-6 | EUR 10,00 [D]
eISBN (PDF) 978-3-374-05012-3 | EUR 8,99 [D]

Karl Barth
Dialektische Theologie
Herausgegeben und kommentiert von Dietrich Korsch
Große Texte der Christenheit (GTCh) | 3
176 Seiten | Paperback | 12 x 19 cm
ISBN 978-3-374-05626-2 | EUR 10,00 [D]
eISBN (PDF) 978-3-374-05627-9 | EUR 7,99 [D]

EVANGELISCHE VERLAGSANSTALT
Leipzig www.eva-leipzig.de

Tel +49 (0) 341/ 7 11 41 -44   shop@eva-leipzig.de

Paul Tillich
Rechtfertigung und Neues Sein
Herausgegeben und kommentiert von Christian Danz
Große Texte der Christenheit (GTCh) | 4
168 Seiten | Paperback | 12 x 19 cm
ISBN 978-3-374-05673-6 | EUR 10,00 [D]
eISBN (PDF) 978-3-374-05674-3 | EUR 8,99 [D]

Gotthold Ephraim Lessing
Die Erziehung des Menschengeschlechts
Herausgegeben und kommentiert von Walter Sparn
Große Texte der Christenheit (GTCh) | 5
144 Seiten | Paperback | 12 x 19 cm
ISBN 978-3-374-05669-9 | EUR 12,00 [D]
eISBN (PDF) 978-3-374-05670-5 | EUR 9,99 [D]

Ludwig Feuerbach
Das Wesen der Religion
Herausgegeben und kommentiert von Georg Neugebauer
Große Texte der Christenheit (GTCh) | 6
192 Seiten | Paperback | 12 x 19 cm
ISBN 978-3-374-05814-3 | EUR 12,00 [D]
eISBN (PDF) 978-3-374-05815-0 | EUR 9,99 [D]

Martin Luther
Geistliche Lieder
Herausgegeben und kommentiert von Johannes Schilling
Große Texte der Christenheit (GTCh) | 7
240 Seiten | Paperback | 12 x 19 cm
ISBN 978-3-374-05850-1 | EUR 14,00 [D]
eISBN (PDF) 978-3-374-05851-8 | EUR 11,99 [D]

EVANGELISCHE VERLAGSANSTALT
Leipzig www.eva-leipzig.de

Tel +49 (0) 341/ 7 11 41 -44   shop@eva-leipzig.de

Meister Eckhart
Reden der Unterweisung
Hrsg., neu übersetzt und kommentiert von Volker Leppin
Große Texte der Christenheit (GTCh) | 8
176 Seiten | Paperback | 12 x 19 cm
ISBN 978-3-374-06127-3 | EUR 15,00 [D]
eISBN (PDF) 978-3-374-06128-0 | EUR 12,99 [D]

Nathan Söderblom
Reden der Unterweisung
Herausgegeben, übersetzt und kommentiert von Dietz Lange
Große Texte der Christenheit (GTCh) | 9
200 Seiten | Paperback | 12 x 19 cm
ISBN 978-3-374-06422-9 | EUR 15,00 [D]
eISBN (PDF) 978-3-374-06423-6 | EUR 11,99 [D]

Philipp Melanchthon
Glaube und Bildung
Herausgegeben und kommentiert von Armin Kohnle
Große Texte der Christenheit (GTCh) | 10
144 Seiten | Paperback | 12 x 19 cm
ISBN 978-3-374-06843-2 | EUR 15,00 [D]
eISBN (PDF) 978-3-374-06844-9 | EUR 11,99 [D]

Thomas von Aquin
Worin das Glück besteht
Hrsg., übersetzt und kommentiert von Rochus Leonhardt
Große Texte der Christenheit (GTCh) | 11
180 Seiten | Paperback | 12 x 19 cm
ISBN 978-3-374-06920-0 | EUR 16,00 [D]
eISBN (PDF) 978-3-374-06921-7 | EUR 14,99 [D]

EVANGELISCHE VERLAGSANSTALT
Leipzig www.eva-leipzig.de

Tel +49 (0) 341/ 7 11 41 -44   shop@eva-leipzig.de

Thomas von Kempen
Von der Nachfolge Christi
Ausgewählt, übersetzt und komm. von Wolf-Friedrich Schäufele
Große Texte der Christenheit (GTCh) | 12
160 Seiten | Paperback | 12 x 19 cm
ISBN 978-3-374-07067-1 | EUR 16,00 [D]
eISBN (PDF) 978-3-374-07068-8 | EUR 14,99 [D]

Pico della Mirandola
Über die Würde des Menschen
Herausgegeben und kommentiert von Jörg Lauster
Große Texte der Christenheit (GTCh) | 13
176 Seiten | Paperback | 12 x 19 cm
ISBN 978-3-374-07063-3 | EUR 16,00 [D]
eISBN (PDF) 978-3-374-07064-0 | EUR 14,99 [D]

EVANGELISCHE VERLAGSANSTALT
Leipzig www.eva-leipzig.de

Tel +49 (0) 341/ 7 11 41 -44   shop@eva-leipzig.de

Udo Schnelle
**Einführung in die
Evangelische Theologie**

464 Seiten | Hardcover
14 x 21 cm
ISBN 978-3-374-06873-9
EUR 38,00 [D]
eISBN (PDF)
978-3-374-06874-6

Dieses Buch des international anerkannten Exegeten Udo Schnelle führt in die Grundfragen, die Grundlagen und in die Fächer der Evangelischen Theologie ein: Warum Theologie an der Universität? Weshalb Theologie und nicht Religion? Welche Bedeutung hat die Bibel? Was verbindet die einzelnen Fächer der Theologie und gibt es ein gemeinsames Zentrum? Einen weiteren Schwerpunkt bildet die Frage nach dem Ort und der Leistungsfähigkeit von Theologie im Kontext neuzeitlichen Denkens. Es zeigt sich, dass Vernunft sowie Offenbarung, Glaube und Mythos keine Gegensätze darstellen, sondern unterschiedliche Bereiche der Wirklichkeit erfassen.

EVANGELISCHE VERLAGSANSTALT
Leipzig www.eva-leipzig.de

Tel +49 (0) 341/ 7 11 41 -44   shop@eva-leipzig.de

Udo Schnelle
Der Sinn des Mythos in Theologie und Hermeneutik

240 Seiten | Paperback
14 x 21 cm
ISBN 978-3-374-07392-4
EUR 38,00 [D]
eISBN (PDF)
978-3-374-07393-1

In seinem neuen Buch stellt der international anerkannte Exeget Udo Schnelle das Mythos-Verständnis von den Anfängen bis zur Gegenwart dar. Er sieht im Mythos nicht eine überholte, sondern eine sachgemäße Form des Redens von Gott und dem Göttlichen. Von Gott kann man nur in Bildern, Metaphern und Symbolen, vor allem aber in der Form des Mythos als sinnstiftender Erzählung reden. Mythen sind Grundgeschichten, die das Leben ordnen und Orientierung stiften. Der wirkmächtige Mythos bewahrt ein Mehr an Erkenntnis und Emotionalität, das über seine zeitbedingten Interpretationen hinausgeht. Er nimmt die Unabgeschlossenheit der Wirklichkeit ernst und ist offen für Gottes Wirken in der Welt.

EVANGELISCHE VERLAGSANSTALT
Leipzig   www.eva-leipzig.de

Tel +49 (0) 341/ 7 11 41 -44   shop@eva-leipzig.de

Ingolf U. Dalferth
Auferweckung
Plädoyer für
ein anderes Paradigma
der Christologie

Forum Theologische Literaturzeitung (ThLZ.F) | 39

184 Seiten | Paperback
12 x 19 cm
ISBN 978-3-374-07360-3
EUR 28,00 [D]
eISBN (PDF)
978-3-374-07361-0

Die dominierende christologische Denkform des Christentums ist die Inkarnation, die Menschwerdung Gottes. Doch das Christentum begann nicht an Weihnachten, sondern an Ostern, nicht mit der Geburt Jesu, sondern mit der Auferweckung des Gekreuzigten. Dalferth plädiert in dieser Studie dafür, nicht die Inkarnation, sondern die Auferweckung ins Zentrum der Christologie und damit der christlichen Theologie zu stellen. Nicht die Erniedrigung Gottes ins Menschsein, sondern die Erhöhung der Menschen in das Leben Gottes ist die befreiende Botschaft des Evangeliums. Wir werden verändert, nicht Gott. Gott wird nicht einer von uns, sondern er macht uns zu den Seinen. Er kommt uns nahe, weil er uns in seine Nähe holt, aber er bleibt der Schöpfer und wir seine Geschöpfe.

EVANGELISCHE VERLAGSANSTALT
Leipzig www.eva-leipzig.de

Tel +49 (0) 341/ 7 11 41 -44   shop@eva-leipzig.de

Chaim Noll
»Höre auf ihre Stimme«
Die Bibel als Buch
der Frauen

336 Seiten | Klappenbroschur
12 x 19 cm
ISBN 978-3-374-07310-8
EUR 22,00 [D]

eISBN (PDF)
978-3-374-07311-5

Der bekannte deutschsprachige Schriftsteller Chaim Noll lebt als religiöser Jude in Israel. Er versteht die Bibel als eine Textsammlung, in der sich das Bemühen um Achtung der Frau, teils sogar um Gleichstellung mit dem Mann als Leitmotiv gegen frauenfeindliche Tendenzen, die es auch gibt, behauptet. Und er kritisiert antike männliche Haltungen, die das »schwache Geschlecht« als minderwertig darzustellen versuchten, um Frauen unterdrücken und ausbeuten zu können. Am Ende jedoch wird deutlich, dass gerade die Bibel zur Befreiung der Frau aufruft. Nolls feinsinnige und lebenskluge Interpretationen biblischer Erzählungen fesseln und beeindrucken.

EVANGELISCHE VERLAGSANSTALT
Leipzig www.eva-leipzig.de

Tel +49 (0) 341/ 7 11 41 -44   shop@eva-leipzig.de